Annie Monnerie
Évelyne Siréjo

Champion 2

Méthode de français

Livre de l'élève

CLE
INTERNATIONAL

AVANT-PROPOS

Champion 2 reprend, en les adaptant à un niveau plus avancé, les principes qui constituaient le premier niveau de la méthode.

Le manuel comporte 12 dossiers de 8 pages, centrés sur les thématiques suivantes : faits divers, sports, spectacles, alimentation, mode, logement, famille, animaux, environnement, santé, consommation, langues étrangères. Certains de ces thèmes étaient déjà abordés dans le premier niveau, sous l'angle de la vie quotidienne. Si cet ancrage est ici maintenu, il laisse une place plus importante à l'analyse des pratiques et des goûts : faut-il faire confiance à la critique en matière de spectacles ? Faut-il suivre la mode… et permet d'exprimer des opinions.

Le contenu grammatical communicatif permet de compléter les aspects de la phrase simple (temps, en particulier) et met l'accent sur les phrases complexes : mode de la subordonnée, complétive, concordance des temps, rapports logiques.
Ces éléments grammaticaux sont mis plus particulièrement au service de l'expression des sentiments et des opinions d'une part, et de la structuration de l'écrit, d'autre part, celle-ci dépassant ici la simple expression du quotidien, pour s'orienter vers les différents aspects de l'argumentation.

- La **première séquence, à dominante « oral »** (deux pages), met en scène les mêmes personnages que dans le niveau 1, auxquels on associe, suivant les besoins du dialogue et du thème, quelques interlocuteurs nouveaux : journaliste, enquêteur, vendeuse, directrice d'une école de langues. Ces éléments sont plus anonymes, tandis que les personnages habituels conservent leurs caractéristiques et s'insèrent davantage dans la vie du quartier.

- La **deuxième séquence, à dominante « écrit »** (trois pages) reprend la thématique du dialogue, en présentant des supports écrits de nature diverse : publicités, pages de magazines, annonces, lettres…
  Le dialogue et les supports écrits sont suivis d'exercices (micro-conversations ou techniques d'écriture).

- La **troisième séquence, « compétences »**, permet de travailler les **compétences de compréhension et de production écrites et orales**.

– La compréhension orale (une page) permet d'entraîner l'apprenant à reconnaître un certain nombre de sentiments, pour l'amener à l'expression orale à partir de phrases ou de documents visuels susceptibles de provoquer ces mêmes sentiments.

– La compréhension écrite (deux pages) se fait sur un support de nature anecdotique ou polémique à partir duquel sont posées des questions de compréhension globale ou plus fine. Les apprenants sont ensuite invités à s'exprimer sur un énoncé de nature polémique.

Les douze dossiers, qui correspondent au niveau de compétence requis pour les unités A2, A3 et A4 du DELF, sont complétés par un précis grammatical.

Tous les trois dossiers, un **bilan** fait le point sur les savoirs linguistiques et communicatifs travaillés dans les leçons. Des épreuves type *DELF* (unités A2, A3 et A4) y sont également proposées.

Les corrigés des exercices et le script des enregistrements se trouvent dans le livret placé à l'intérieur de l'ouvrage.

© CLE International/VUEF, 2002. ISBN : 209-033675-7

MODE D'EMPLOI

Une unité = Trois séquences

1. Une séquence à dominante « oral ».
2. Une séquence à dominante « écrit ».
3. Une séquence réservée aux quatre compétences et permettant de se préparer au DELF.

● **Séquence à dominante « oral »**

dialogue entre →
les personnages
du quartier

← exercices
de grammaire

● **Séquence à dominante « écrit »**

document →
portant
sur le même
thème que le
dialogue

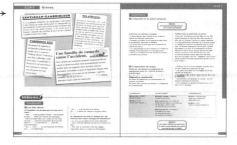

exercices de
vocabulaire,
grammaire,
et écriture
(rédaction)

● **Séquence « compétences »**

Compréhension et expression orales

Écouter
et parler

Écouter

Parler

← écoute et reproduction

← écoute et compréhension

← production orale

Compréhension et expression écrites

Lire

article de presse →

← questions
de compréhension
écrite

Écrire

← production écrite

Bilan (toutes les trois unités)
Vous connaissez : vérification des connaissances grammaticales.
Vous savez : vérification des compétences à communiquer.
Test : préparation aux unités A2, A3 et A4 du DELF avec des sujets types.

Pierre Chardin

Arthur

Adrien

Cécile et Paul
Lemercier

Jean Dubois

Litza Ritsos

Antoine Martin

Mattias Schluter

Marco Vaz

Philippe et Brigitte Combes

Maurice Chardin

Nicolas Vasseur

Kamel Charfaoui

Sabrina Charfaoui

Mina Charfaoui

Ahmed Charfaoui

Véronique Leguen

Robert et Christine Petit

Martine Leroux

Joseph Cellier

Unité 1

🎧 Au bureau de tabac, M. Vaz, le buraliste, discute avec M. Dubois, le boulanger. Il y a aussi une cliente.

M. Dubois – Vous avez entendu l'explosion ?

M. Vaz – Oui, et j'ai vu de la fumée.

M. Dubois – Qu'est-ce qui s'est passé ?

M. Vaz – Oh, sûrement un attentat !

M. Dubois – Ah, vous croyez…

M. Vaz – Oui, oui, j'ai même vu un individu bizarre, avec un grand sac à la main…

M. Dubois – Vous pourriez le décrire ?

M. Vaz – Oui. Grand, blond… Il portait une veste marron et des gants noirs.

M. Dubois – Ah, tiens !

M. Vaz – Hier, déjà, il rôdait dans le quartier. Je l'ai remarqué, parce qu'il avait une moto.

Une dame – Oui, maintenant que vous le dites, je l'ai vu aussi ; sa moto était rouge…

M. Dubois – Des motos rouges, dans le quartier, il y en a souvent !

M. Vaz – Oui, mais cette moto-là était immatriculée dans les Alpes-Maritimes.

M. Dubois – Tiens donc !

M. Vaz – Et puis, il s'est mis à courir quand il y a eu l'explosion.

M. Dubois – Il avait peut-être peur !

🎧 Martine Leroux, la pharmacienne, arrive.

Martine Leroux – Heureusement, ce n'est rien ! C'est une conduite de gaz qui a explosé. Il y a eu un début d'incendie et on a appelé les pompiers. Il y a quelques dégâts mais ce n'est pas grave !

M. Dubois – Ouf, j'aime mieux ça, parce que l'homme à la moto rouge, c'est mon cousin de Nice ! ■

Entraînez-vous

1 Signalements.

a) 🎧 Écoutez et observez :

– Vous avez vu quelqu'un ?
– Oui, très bien.
– Vous pourriez le décrire ?
– Oui, bien sûr. Il était blond, de taille moyenne, plutôt mince. Il avait à peu près quarante ans.

Pour décrire une personne

Cheveux : blonds / gris / noirs / bruns / roux / blancs / raides / frisés

Yeux : marron / bleus / verts

Visage : carré / rond / long / ovale

Teint : clair / mat

Taille : petit / grand / de taille moyenne

Corpulence : maigre / mince / fort / corpulent

b) **Imitez ce dialogue en donnant le signalement des personnes suivantes :**

femme rousse,
cheveux longs,
yeux verts,
grande et mince,
blouson noir,
pantalon blanc,
chaussures à talons,
25 ans.

femme
cheveux gris, courts,
visage carré,
petits yeux bleus, teint mat,
maigre et petite,
porte un tailleur bleu marine
et des chaussures blanches.

Homme visage rond,
cheveux noirs,
courts et frisés,
costume gris,
assez fort,
chaussures marron,
40 ans, 1,70 m.

2 Récits.

a) **Observez :**

– Qu'est-ce que vous avez fait hier soir de 8 heures à 10 heures ?
– De 8 heures à 10 heures, j'ai lu.

– Qu'est-ce que vous faisiez quand l'explosion a eu lieu ?
– Je lisais chez moi.

IMPARFAIT / PASSÉ COMPOSÉ (Rappel)

■ *Formation* :
L'**imparfait** se forme en ajoutant les terminaisons *(-ais, -ais, -ait, -ions, -iez, -aient)* à la première personne du pluriel du présent.

Le **passé composé** se forme avec l'auxiliaire « avoir » ou l'auxiliaire « être » (verbes *partir, venir, arriver, aller, rester, naître, mourir, venir, entrer* et *sortir*, et tous les verbes pronominaux) suivi du participe passé.

■ *Emplois* :
L'**imparfait** exprime un état ou une action en cours.

Le **passé composé** exprime une action instantanée ou une action bien délimitée dans le temps.

b) **Imitez ce dialogue et remplacez le verbe** lire **par d'autres actions :**

regarder la télévision, attendre une amie, téléphoner, finir de dîner, écouter la radio, préparer le repas, prendre un café...

GENTLEMAN-CAMBRIOLEUR

Il y a quelques semaines, un cambrioleur s'est évadé d'une voiture de police alors qu'on le transportait au commissariat. Il a écrit aux policiers pour s'excuser des ennuis qu'il leur avait causés. Il dit aussi qu'il a toujours respecté ses victimes et qu'il ne les a jamais frappées lorsqu'il les volait.

Vols à Bouyon.

Plusieurs plaintes ont été déposées au commissariat de Bouyon le week-end dernier. Elles viennent de personnes qui habitent dans la petite ville. Dans la nuit de samedi à dimanche, alors qu'elles dormaient, on leur a volé des bijoux, des postes de télévision et des tableaux. Le commissaire de police mène l'enquête. Des témoins ont été entendus.

CAMBRIOLAGE

Des paquets de cigarettes et des bouteilles d'alcool ont été dérobés dans le restaurant "L'Auberge fleurie" à Auteuil au cours d'un cambriolage mardi, tôt le matin. Le propriétaire a découvert le vol avant d'ouvrir son restaurant. Le montant exact des pertes n'est pas encore connu.

Une famille de canards cause l'accident.

Des canards qui voulaient traverser l'autoroute A6 ont causé un grave accident. Des automobilistes se sont arrêtés pour les regarder alors que des voitures arrivaient. L'accident a causé d'importants dégâts mais, heureusement, il n'y a pas eu de victimes... sauf les canards ! Ils ont été écrasés au moment où ils allaient atteindre l'autre côté de l'autoroute.

Entraînez-vous

Vocabulaire

1 Les faits divers.

a) Complétez ces phrases par les mots de la leçon :

– Une . . . s'est produite à Breuil : une bouteille de gaz . . . dans une maison de campagne.
– Dans le centre-ville, une voiture et une moto se sont . . . contre le monument de la grande place. L' . . . n'a pas fait de . . . mais les . . . sont importants.
– Un . . . s'est . . . du commissariat de Mantes. Les . . . le recherchent.

– Un . . . a eu lieu hier à la mairie.
Un . . . a décrit les voleurs. La police mène l' . . .

b) Remplacez les mots en italique par des mots de sens voisin. Changez les formulations.

– *Il y a eu* un accident sur la route nationale.
– On *a volé* des tableaux de prix au musée de la ville.
– Hier soir, un incendie *a fait* des dégâts importants dans un cinéma de Montauban.

Grammaire

2 L'imparfait et le passé composé.

> **Attention**
> **à l'accord des participes passés !**
> (voir le précis grammatical)

a) Écrivez ces phrases au passé :

– Il pleut depuis deux heures et on arrête la voiture au bord de l'autoroute.
– Pendant que Mme Leroi regarde la télévision, le cambrioleur entre par la fenêtre.
– Le prisonnier ne dort pas et il s'évade de la voiture de police.
– Le voleur frappe la jeune femme, on l'amène à l'hôpital. Heureusement, ce n'est pas grave.
– Pierre lit. Il entend un bruit bizarre. Il se lève. La fenêtre est ouverte.

b) Réécrivez ce petit texte au passé :

Il fait nuit. Une femme marche dans la rue. Elle entend quelqu'un derrière elle. Elle s'arrête et elle voit un homme. Il porte un grand manteau. Il a une quarantaine d'années et il est très grand. Il s'arrête lui aussi et il la regarde mais il ne dit rien. La femme commence à avoir peur. Quand elle repart, il la suit. À ce moment-là, la jeune femme se met à courir. Quand elle arrive enfin devant sa porte, l'homme marche vers elle. Il cherche quelque chose dans son manteau et il sort un gant. Il lui dit : « Madame, vous l'avez perdu quand vous êtes descendue du taxi. Je l'ai pris, tenez ! »

3 L'expression du temps.

Réécrivez ces phrases en employant les expressions avant de + infinitif **et** après + infinitif passé.
Exemple : **Il a prévenu sa femme puis il a téléphoné au commissariat.**
➜ *Avant de téléphoner au commissariat, il a prévenu sa femme.*
➜ *Après avoir prévenu sa femme, il a téléphoné au commissariat.*

– D'abord, on a cru à un attentat, ensuite, on a su que c'était une explosion de gaz.
– Les gens sont allés voir les dégâts et ils ont appelé les pompiers.
– Le voleur a mis un bijou dans son sac et il a vu la vendeuse.
– Les policiers ont entendu la victime ; ils ont ensuite interrogé les témoins.
– On a entendu un grand bruit puis on a vu le début d'un incendie.

L'ANTÉRIORITÉ	LA SIMULTANÉITÉ	LA POSTÉRIORITÉ
■ **Avant de** + infinitif *Avant de partir…*	■ **Quand, lorsque** + indicatif *Quand il est arrivé…*	■ **Après** + infinitif passé *Après avoir téléphoné…* *Après être sorti…*
■ **Avant** + nom *Avant votre départ…*	■ **Au moment où** + un verbe de l'indicatif qui indique une action qui ne dure pas : *arriver, sortir* *Au moment où il est arrivé…*	■ **Après** + nom *Après le coup de téléphone…*
	■ **Au moment de** + un verbe à l'infinitif ou un nom *Au moment de sortir…* *Au moment du départ…*	

> **Attention !**
> On emploie l'infinitif seulement quand le sujet du verbe principal est le même que celui du verbe à l'infinitif.

4 L'accord du participe passé.

Complétez ces terminaisons si nécessaire :

● La femme que les témoins ont décrit . . . a été arrêté**e** . . hier soir. On l'a rencontré**e** . . alors qu'elle sortait d'un hôtel du centre-ville. Elle portait plusieurs bijoux qui avaient été dérobé**s** . . dans la célèbre bijouterie Carton. Les policiers l'ont conduite . . . au commissariat où elle a passé . . . la nuit. Ce matin, le commissaire a ouvert . . . une enquête, il a écouté . . . toutes les victimes que cette femme a volé**es** . . ainsi que M. Carton qui a félicité . . . le commissaire.

● La conduite de gaz qui a explosé . . . dans le quartier du théâtre n'a heureusement pas fait . . . de victimes. Comme l'explosion s'est passé**e** . . en plein jour, les habitants du quartier n'étaient pas chez eux. Seuls, une femme d'une quarantaine d'années et un jeune enfant ont été atteint**s** . . Les pompiers les ont conduit**s** . . au cabinet médical du quartier. D'importants dégâts ont été causé**s** . . dans trois immeubles de ce quartier et plusieurs voitures ont pris . . . feu. Le montant exact des dégâts n'est pas encore connu . . . .

5 Le passif.

LE PASSIF
■ Le passif est formé par le verbe « être » au temps voulu suivi du participe passé.   ■ Le complément d'objet direct de la phrase active devient le sujet de la phrase passive.   ■ Le sujet de la phrase active devient un complément introduit avec *par* dans la phrase passive.   *Des voisins appellent les policiers.* (actif)   *Les policiers sont appelés par des voisins.* (passif)   ■ Quand le complément d'agent n'est pas exprimé dans la phrase passive, le sujet de la phrase active est *on* :   *Des gants ont été trouvés dans le magasin.*   *On a trouvé des gants dans le magasin.*   ■ Au passé, le passif est formé de l'auxiliaire « avoir », du participe passé du verbe « être » et du participe passé du verbe lui-même :   *Les pompiers ont arrêté l'incendie.* (actif)   *L'incendie a été arrêté par les pompiers.* (passif)

a) Remettez ces phrases à la forme active :

– Le cambrioleur est recherché par les policiers.
– Les voleurs ont été arrêtés par la police.
– Des tableaux ont été dérobés dans la mairie.
– Une plainte a été déposée.
– L'autoroute A4 a été fermée de 22 heures à 8 heures du matin, par la police.
– Une bijouterie a été cambriolée ce matin dans le centre-ville.

b) Réécrivez ces phrases à la forme passive :

– On a volé une voiture cette nuit.
– Les voisins ont entendu des bruits bizarres.
– Les policiers ont retrouvé une moto rouge.
– Un témoin a décrit le cambrioleur.
– On a ouvert une enquête.
– Le restaurateur a invité les victimes de l'incendie à déjeuner.

Écrire

6 Rédiger un fait divers.

À partir de ces éléments, rédigez un fait divers.
Imaginez les circonstances et donnez des détails sur le déroulement de l'action.

Date / heure : Samedi 24 décembre, 23 h-24 h
Lieu : Grand magasin (Galeries Modernes) Bordeaux
Suspects : Un couple
Délit : Cambriolage, vols de livres et de jeux vidéo
Témoin : Un homme sans domicile
Cause du vol : Pour offrir des cadeaux à leurs deux enfants.

Écouter et parler

La surprise. Le soulagement.

> **Pour exprimer la surprise à l'oral, on emploie des expressions telles que :**
>
> – Tiens !
> – Tiens donc !
> – Quelle surprise !
> – Ça alors !
> – Je n'en reviens pas !
>
> **Pour exprimer le soulagement à l'oral, on emploie des expressions telles que :**
>
> – Ouf !
> – Je me sens mieux !
> – Heureusement... !
> – J'aime mieux ça !

1 🎧 **Écoutez et lisez ces phrases. Imitez les intonations :**

– Tiens, il y a eu un accident place de la mairie !
– Heureusement, ce n'était rien.
– Tiens donc, tu déjeunes ici ?
– Ouf, le film n'est pas commencé !
– On a acheté les cadeaux de Noël, je me sens mieux !
– Sophie dort chez sa sœur. J'aime mieux ça !
– Tu as perdu au moins trois kilos, je n'en reviens pas ! Comment tu as fait ?
– Ça alors, on est dans le même hôtel !
– Quelle surprise, je te croyais à Rome !
– On va tous dîner au restaurant, j'aime mieux ça !

2 🎧 **Écoutez et cochez la case correspondant au sentiment exprimé.**

	1	2	3	4	5	6	7	8	9	10
SURPRISE										
SOULAGEMENT										

Écouter

3 🎧 Signalement. Écoutez et mettez une croix sous le portrait de la personne disparue.

❶

❷

❸

❹

4 🎧 Fait divers. Écoutez ce fait divers puis répondez aux questions suivantes :

a) Que s'est-il passé ?
b) À qui est-ce arrivé ?
c) Où cela s'est-il produit ?
d) Quand ?
e) Pourquoi ?
f) Comment cela s'est-il terminé ?
g) Où ont-ils dormi ?
h) Quel était leur état de santé ?

Parler

5 À vous !

Vous étiez lundi dernier au rayon bijouterie dans un grand magasin, lorsque deux individus masqués ont commis un hold-up. Un policier vous interroge pour vous demander comment ça s'est passé et pour connaître les circonstances exactes. Imaginez le dialogue.

REPORTAGE

Un collège en grève contre la violence

Tout a commencé le 12 mars dernier à Livry. Dans un couloir du collège Victor-Hugo, un élève de 15 ans a frappé un professeur. Le professeur a été hospitalisé et l'élève renvoyé. Tous les professeurs et le personnel du collège se sont aussitôt mis en grève pour exprimer leur colère face à des actes de violence qui sont de plus en plus nombreux : bagarres dans le collège ou à la sortie, vols sur les plus jeunes élèves, agressions contre les jeunes filles… sans compter les chaises qui traversent les salles de classe !

« Nous-mêmes, nous finissons par avoir peur. La violence de la ville est entrée dans l'école », explique Madame Garnier, professeur de français, qui voit tous les jours la dégradation des conditions de vie des habitants du quartier. Du chômage aux problèmes familiaux, les causes de ces violences sont bien connues. « En plus d'être des profs, on nous demande d'être des assistantes sociales et des policiers. »

Les collégiens aussi veulent expliquer ces violences : « Le collège est pourri ; tout est vieux, tout est moche. Même les chaises sont cassées ! On ne peut pas étudier dans ces conditions ! » En fait, sur les 1 000 collégiens, ils ne sont pas très nombreux à rejeter leur école mais certains critiquent aussi les professeurs : « Les profs sont bien mais pas tous ; il y en a qui ne nous respectent pas alors nous, on ne les respecte pas non plus ! » explique un jeune élève.

Après un mois de grève, le personnel du collège a obtenu deux postes supplémentaires de surveillants, un d'enseignant et un d'assistante sociale.

Cette grève a également permis aux parents d'élèves de découvrir les problèmes de l'établissement ; ils ont rencontré les professeurs et ont discuté avec eux pour la première fois. Alors cette semaine, la fin de la grève a été organisée comme une « vraie rentrée scolaire », pour repartir sur des relations plus tranquilles et une meilleure communication.

LA COMPRÉHENSION GLOBALE

Pour comprendre le sens général d'un document, écrit ou oral, il faut d'abord le lire ou l'écouter deux ou trois fois puis chercher les mots-clés, c'est-à-dire les mots qui reviennent le plus souvent et qui correspondent aux thèmes principaux du document. Vous devez ensuite vous poser les questions suivantes :

– Que s'est-il passé ?
– Avec qui ? De qui parle-t-on ?
– Où et quand se situe le fait ?

– Pourquoi cela est arrivé ?
– Comment cela s'est passé ?
– Qu'est-ce que cela a provoqué ? Quelles sont les conséquences ?

À partir du moment où vous serez capable de répondre à plusieurs de ces questions, vous comprendrez le sens global du document. Vous pourrez ensuite procéder à de nouvelles lectures ou écoutes afin d'obtenir une compréhension plus fine du document.

1 **Lisez cet article puis répondez aux questions suivantes :**

a) Trouvez quatre mots-clés dans cet article.

b) Compréhension globale :

1. Quel est le sujet de cet article ?
2. Qui sont les personnes concernées ?
3. Que s'est-il produit dans ce collège ?

4. Quand et où cela s'est-il passé ?
5. Ça a provoqué quelle réaction ?
6. Quels sont les résultats ?

c) Compréhension plus fine :
Vocabulaire

1. Une grève, c'est une période :
   ❏ de travail
   ❏ de vacances
   ❏ où on arrête de travailler pour obtenir quelque chose.

2. « Le collégien est renvoyé » veut dire :
   ❏ qu'il a reçu un courrier
   ❏ qu'il ne peut plus aller dans cette école
   ❏ qu'il est envoyé à l'hôpital.

3. Se mettre en grève signifie :
   ❏ commencer une grève
   ❏ continuer une grève
   ❏ arrêter une grève.

4. Rejeter une école, c'est :
   ❏ provoquer des dégâts dans l'école
   ❏ critiquer l'école
   ❏ être renvoyé de l'école.

Questions

5. Donnez trois exemples d'actes de violence commis dans ce collège.
6. Par quelles raisons Madame Garnier explique-t-elle cette violence ?
7. Comment certains élèves l'expliquent-ils ?
8. Quels rôles les professeurs doivent-ils jouer aujourd'hui dans certains quartiers difficiles ?
9. Quels sont les aspects positifs de cette grève : pour le personnel ? pour les parents ? pour la vie du collège ?
10. Pourquoi emploie-t-on l'expression « une vraie rentrée scolaire » pour parler de la fin de la grève ?

Écrire

2 **Comment expliquer la violence à l'école ?**

Unité 2

🎧 Au *Café du commerce*, un samedi matin.

M. Dubois – Alors, messieurs, quels sont vos pronostics ?

M. Petit – Pour moi, vu ses courses précédentes, c'est Diamant qui sera le premier !
La victoire, c'est pour lui, j'en suis sûr !

M. Dubois – C'est vous qui le dites ! D'après *Turf-Infos*, il n'arrivera même pas
jusqu'à la fin de la course.

M. Petit – Oui, mais *Tiercé-Mag* n'est pas du tout de cet avis : d'après Thierry Moine,
il a toutes les chances d'être dans les trois premiers, et peut-être même le gagnant !

M. Dubois – On verra bien ! En tout cas, moi je ne parie pas sur lui.

Le patron – Et vous, monsieur Combes,
vous ne jouez jamais ?

M. Combes – Non, jamais.
Mais, heu… pour une fois, je vais essayer.
Donnez-moi donc une grille.

M. Dubois – Alors, qu'est-ce que
vous allez jouer ?

M. Combes – Ça, je n'en ai pas
la moindre idée. Eh bien, disons
le 2, le 21 et le 16. Ce sont les trois
premiers chiffres de mon numéro
de téléphone.

M. Dubois – Mais vous n'y pensez
pas ! Le tiercé, c'est scientifique,
ce n'est pas un jeu de hasard !

M. Combes – Scientifique ?
Mais si je vous ai bien compris,
les journalistes ne sont jamais
d'accord : ils disent exactement le contraire.

M. Dubois – Mais n'écoutez pas *Tiercé-Mag*, ils n'y connaissent rien !
Croyez-moi, monsieur Combes, il faut jouer le 11, le 6 et le 17.

M. Combes – Eh bien d'accord, je vous fais confiance.

🎧 Le lendemain soir, on entend les résultats à la radio : « Et voici maintenant
les résultats du tiercé. Les numéros gagnants sont le 2, le 21 et le 16. »

M. Combes – Ça alors, les trois premiers chiffres de mon numéro de téléphone !
Dites, monsieur Dubois, vous m'offrirez bien une coupe de champagne ! ∎

 **Entraînez-vous**

1 « C'est Diamant qui sera le premier. »

a) 🎧 Écoutez, observez et répétez :
– Qu'est-ce que vous ferez le week-end prochain ?
– Le week-end prochain, je ferai une petite promenade, j'irai au cinéma, je prendrai un verre avec des copains et je passerai sûrement la soirée devant un match à la télé.

LE FUTUR

■ *Formation* :
Les terminaisons sont régulières :
-ai, -as, -a, -ons, -ez, -ont.
Elles s'ajoutent en général à l'infinitif.
– Verbes en *-er* : *je travaillerai, nous travaillerons*
– Verbes en *-ir* : *tu offriras, vous offrirez*
– Verbes en *-dre, -oire* : on enlève le « e » et on ajoute les terminaisons : *on prendra, ils prendront, je croirai, nous croirons.*

■ *Rappel* :
On peut aussi exprimer le futur avec le verbe « aller » suivi de l'infinitif.
Demain, je prendrai l'avion.
Demain, je vais prendre l'avion.

Attention !
Quelques futurs irréguliers :
être : *je serai*   avoir : *j'aurai*
courir : *je courrai*   aller : *j'irai*
faire : *je ferai*   venir : *je viendrai*
tenir : *je tiendrai*   pouvoir : *je pourrai*
devoir : *je devrai*   vouloir : *je voudrai*
savoir : *je saurai*

b) Imitez le dialogue a) en remplaçant je par nous, puis par ils.

2 D'accord / Pas d'accord.

a) Observez ces phrases :
– À mon avis, le tiercé est un jeu de hasard.
– Il dit qu'il fait toujours mauvais en Bretagne.
– D'après le journaliste de *Turf-Infos*, Schumacher n'a aucune chance de gagner la course.
– D'après ce journal, la Polka est la voiture la plus économique.
– Le directeur du club me dit qu'avec dix séances, je perdrai deux kilos.
– Mon mari trouve les robes plus élégantes que les pantalons.

b) En reprenant les sujets évoqués dans la partie a), exprimez une opinion contraire ou différente.

Pour exprimer une opinion

Je pense que…
Je trouve que…
J'estime que…
Selon nos informations,…
D'après moi,…
À mon avis,…
Selon moi,…
D'après les journalistes,…

Attention !
On peut dire :
Il estime que c'est un jeu de hasard.
Ou : *C'est un jeu de hasard, estime-t-il.*

Pour dire qu'on est d'accord ou pas d'accord

D'accord
Je suis tout à fait d'accord avec vous.
C'est bien mon avis.
C'est aussi mon avis.
Je suis bien de votre avis.
Je pense la même chose que vous.
Je partage votre opinion.

Pas d'accord
Je ne suis pas du tout d'accord.
Ce n'est pas mon avis.
Je pense exactement le contraire.
Pas du tout.
Je suis plus ou moins d'accord.
Je ne suis pas tout à fait d'accord.

Attention !
À l'oral, pour souligner qu'on n'est pas d'accord,
on peut trouver :
C'est vous qui le dites !
Vous n'y pensez pas !
Ça ne va vraiment pas !
(familier et peu respectueux)
Ça ne va pas la tête !
(familier et peu respectueux)

Tennis

La finale du tournoi de Cabourg opposera dimanche prochain Nicolas Vallet à Guillaume Leroux. Lors du dernier match, Nicolas Vallet avait battu Paul Lessieur par 7-5, 6-0, 6-2.

Football

Auxerre affrontera ce soir l'équipe de Bordeaux, pour la 6e journée du championnat de France, après avoir fait match nul contre Paris. Une rencontre plus difficile attendra Bastia à Izmir en Turquie : c'est là que les Corses joueront contre la Russie.

Cyclisme

Le Tour de France : 11e étape

Le Tour de France arrivera demain soir, pour la première fois, en montagne à Luchon.
Demain, pour parcourir les 170 km qui séparent Luchon de Beille, dans l'Ariège, les coureurs devront passer quatre cols. Tout d'abord, le Tour montera à Mentès, ensuite ce sera le col du Portet d'Aspet. Plus tard dans la journée, le Tour atteindra deux autres cols (la Core et le Port) avant d'arriver à Beille. Les premiers coureurs seront attendus vers 17 h 15. Heureusement, ils auront une journée de repos à Tarascon avant l'étape suivante.

Voile

On entrera bientôt dans le XXIe siècle. Les navigateurs aussi fêteront l'événement. Dès le 31 décembre 2000, ils partiront pour une grande course autour du monde.
The Race – c'est le nom de cette course – prendra son départ probablement de Barcelone. Le navigateur français Bruno Peyron participera à cette course mais, d'ici là, il fera d'autres traversées.

Rugby

Hier soir, samedi, au Stade de France, un match a opposé Paris à Perpignan.
C'est Paris qui a remporté la coupe des Champions de France après avoir gagné par 34 à 7. Les 21 joueurs gagnants ont fêté leur victoire lors de la « troisième mi-temps » sur les Champs-Élysées jusqu'au petit matin.

Entraînez-vous •

1 Lisez ces annonces sportives et remplissez la grille suivante :

	LIEU	DATE	ÉVÉNEMENTS ANTÉRIEURS	ÉVÉNEMENTS SUIVANTS
Tennis	. . .	. . .	. . .	. . .
Football	. . .	. . .	. . .	. . .
Cyclisme	. . .	. . .	. . .	. . .
Voile	. . .	. . .	. . .	. . .
Rugby	. . .	. . .	. . .	. . .

Vocabulaire

2 Les sportifs.

Complétez ce tableau par des noms de personnes
ou des verbes de la même famille :

VERBES	NOMS
courir	. . .
. . .	joueur
naviguer	. . .
gagner	. . .
. . .	perdant
. . .	participant

3 Les rencontres sportives.

Rayez le (ou les) élément(s) impossible(s) pour
faire des phrases correctes :
– Notre équipe de football a remporté / battu /
affronté les Toulonnais.
– Le tournoi de tennis s'est tenu / passé / gagné
à Villefranche dimanche dernier.
– Pierre Legrand a opposé / affronté / remporté
le titre de Champion de Normandie.
– Les coureurs parcourront / affronteront /
atteindront le col vers 17 heures demain.

Grammaire

4 Le futur.

a) Mettez les verbes entre parenthèses au futur :
● J'(aller) au stade dimanche prochain.
Tu (pouvoir) venir avec moi, mes cousins (être)
là aussi. Nous (prendre) la voiture de mon père
pour y aller.

● Pour le 31 décembre, les pompiers (faire)
une grande fête : un groupe de rock (jouer)
et les gens (danser). Et c'est moi qui (tenir)
le café. Je (vendre) des boissons chaudes
et des Coca. Je crois bien que je (devoir) travailler
toute la nuit et que je ne (avoir) pas
le temps de parler avec mes amis.

b) Réécrivez cet article et remplacez le futur
proche par le futur simple :
En mai prochain, les tournois de tennis
de Roland-Garros vont se tenir à Paris comme
tous les ans. Ils vont avoir lieu du 31 mai au 13
juin. Cette année encore, nous allons être nombreux
à suivre ces grands matchs à la télévision. Mais
est-ce que vous allez avoir des places pour y
aller ? La vente des billets va se faire à partir de
la semaine prochaine dans les clubs de tennis.
Notre club va vous proposer, comme toujours, les
meilleures places et vous allez être heureux. Avec
un peu de chance, il va faire beau et vous allez
même prendre des couleurs !

5 La chronologie dans le récit.

a) Lisez ce programme sportif puis faites-en une présentation rédigée, datée du 15 juillet.
Utilisez les expressions données dans le tableau, page 20.

Un été sportif dans les Hautes-Alpes

■ **15 juin/30 juillet** : stages de VTT à Guillestre.
■ **Dimanche 29 juin** : course de kayak à Aiguille.
■ **1er juillet/14 juillet** : marches en montagne autour de Saint-Véran.
■ **Dimanche 7 juillet** : tournois de tennis / hommes
■ **Dimanche 14 juillet** : tournois de tennis /femmes en double
■ **15 juillet/11 août** : stages de tennis (du lundi au dimanche) à Briançon
■ **11 et 18 août** : courses de VTT (Saint-Véran)

LA SUCCESSION DES FAITS

Les faits : nous sommes le 2 février. Du 15 au 24 février, Louis voyage au Japon.
Le 25, il revient à Paris ; il y reste quelques jours. Le 15 mars, il a une conférence à Lyon, il passe
par Nice où il s'arrête chez un client et, le 25 mars, il repart pour l'Italie.

■ On peut marquer **la succession** :

1. Par des compléments de temps :
(Tout) d'abord,…
Puis, et puis, ensuite, alors, plus tard…
Enfin…
Tout d'abord, Louis voyage au Japon.
Puis, il revient à Paris ; il y reste quelques jours.
Ensuite, il a une conférence à Lyon. Il passe *alors*
par Nice où il s'arrête chez un client (*Plus tard,*
il passe par Nice) et *enfin,* il repart pour l'Italie.

Jusque-là, Jusqu'à…
À partir de / du…
Dès le…
D'ici le…, d'ici là…
Jusqu'au 24 février, Louis voyagera au Japon.
À partir du 25 février, il sera quelques jours à Paris.
Dès le 25 mars, il repartira pour l'Italie.
D'ici le 15 février, Louis sera en France.

2. Par des adjectifs ou des expressions adverbiales
à valeur d'adjectif : **suivant, d'après, précédent,
d'avant**…
Le 15 mars, Louis était à Lyon. La semaine
précédente, il était à Paris et, la semaine *suivante,*
il est allé en Italie.

3. Par des verbes : **précéder, suivre, succéder à,
faire suite à**…
Le voyage au Japon *précède* son séjour à Paris.
Les quelques jours à Paris *suivent* le voyage
au Japon.
Les quelques jours à Paris *succèdent au* voyage
au Japon.
Les quelques jours à Paris *font suite au* voyage
au Japon.

**b) Présentez la vie d'Éric Tabarly, un navigateur français bien connu, et employez des expressions
de temps et des verbes de la leçon au présent de l'indicatif.**

1964 : pour la première fois, un Français remporte la course Transat en solitaire Plymouth-Newport.
1965 : il reçoit les félicitations du général de Gaulle parce que, grâce à lui, les Français découvrent
la voile.
1976 : Tabarly est le gagnant pour la deuxième fois de la Transat en solitaire.
1980 : c'est le navigateur qui traverse le plus rapidement l'Atlantique à la voile.
1985 : il part de la marine nationale.
1998 : il tombe en mer et meurt le 13 juin.

Écrire

6 **Écrire un article pour un journal sportif.**

Un grand tournoi international de tennis a lieu à Paris les 22 et 23 mai prochains.
Voici le programme des rencontres.
Écrivez un bref article pour informer les lecteurs d'un journal sportif.

Stade Pierre-de-Coubertin

22 / 5 : (à partir de 14 heures)
Hingis (Suisse) / Halard (France)
suivi de :
Schnyder (Suisse) / Mauresmo (France)

23 / 5 : (à partir de 13 heures)
Hingis (Suisse) / Mauresmo (France)
Schnyder (Suisse) / Halard (France)
et Hingis-Schnyder (Suisse) contre Tauziat-Fusai (France)

Écouter et parler

Le doute. La certitude.

1 🎧 **Écoutez et imitez ces intonations :**

Le doute
- Tu crois vraiment qu'il faut faire comme ça ?
- Vous êtes sûrs qu'il va gagner ?
- Elle est bien sûre d'elle ?
- C'est vrai, ce cheval a déjà gagné ?
- Il se pose des questions !

La certitude
- Il sait ce qu'il fait.
- Écoute-le, il connaît bien ce cheval.
- Je savais bien qu'ils allaient gagner le match !
- On va jouer ensemble, tu verras, ça va bien se passer !
- Je parie 70 euros, je connais bien cette équipe !

2 🎧 **Écoutez ces phrases et mettez une croix dans la bonne colonne :**

	1	2	3	4	5	6	7	8	9	10
DOUTE										
CERTITUDE										

Écouter

3 🎧 **Résultats. Écoutez puis répondez aux questions suivantes :**

a) Le Chilien a joué contre un joueur de quelle nationalité ?
b) L'Américaine a joué contre une joueuse de quelle nationalité ?
c) Dans quel pays et quel jour se sont déroulés ces tournois ?
d) En combien de temps s'est déroulé le tournoi masculin ?
e) Chez les hommes, qui a remporté la victoire ?
- ❏ le Russe
- ❏ le Chilien
- ❏ l'Américain
- ❏ le Français
f) Quels sont les résultats des trois sets ?
g) Chez les femmes, qui a remporté la victoire ?
- ❏ la Russe
- ❏ la Chilienne
- ❏ l'Américaine
- ❏ la Française
h) Quels sont les résultats des trois sets ?
i) Quel âge a le joueur chilien ?

j) La joueuse américaine est-elle plus âgée que lui ? Quel âge a-t-elle ?
k) Quel est le rêve de Venus Williams ?
l) Qui est Martina Hingis ?

4 🎧 **Rendez-vous sportifs. Écoutez puis notez les renseignements que vous avez entendus :**

Enregistrement 1 :

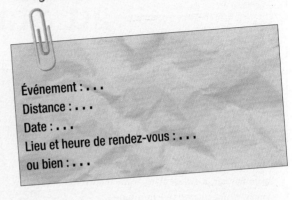

Événement : . . .
Distance : . . .
Date : . . .
Lieu et heure de rendez-vous : . . . .
ou bien : . . .

Enregistrement 2 :

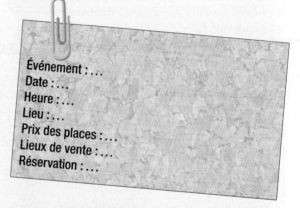

Événement : . . .
Date : . . .
Heure : . . .
Lieu : . . .
Prix des places : . . .
Lieux de vente : . . . .
Réservation : . . .

Parler

5 **À vous !**
Lisez cette annonce sportive et présentez-la.

Grande traversée
de la Méditerranée à la voile en solitaire !

Grande traversée

Départ le dimanche 20 mai du port de Martigues (Bouches-du-Rhône).
Arrivée au port du Pirée (Grèce).
Durée approximative de la course : une semaine.
Inscriptions : au bureau du port de Martigues, avant le 15 avril.
Participants : voiliers de 8 à 12 mètres.

Du *grand spectacle* au Stade français…

Tout le monde a suivi la Coupe du Monde de football, même les femmes… Alors pourquoi n'aimeraient-elles pas aussi le Championnat de France de rugby ? C'est le pari du président du Stade français, Max Guazzini. Il espère en effet que la prochaine saison de rugby intéressera aussi les femmes et les enfants, car, a-t-il déclaré, « un match de rugby doit être une fête familiale ».

Il a donc mis en place toute une stratégie pour annoncer la grande rentrée parisienne au Parc des Princes opposant l'équipe de Paris à celle de Castres : des annonces publicitaires ont été distribuées dans tout Paris, de grands joueurs ont participé à cette campagne innovante dans le monde conservateur du rugby français. Avec la chaîne de télévision Canal +, qui est le partenaire exclusif du Championnat, le président a décidé de faire de ce match un grand événement.

Résultat : samedi 5 septembre, 18 000 spectateurs, tous publics confondus, ont répondu à l'invitation. Pari gagné pour Max Guazzini qui souhaite renouveler l'expérience au moment de la deuxième partie du Championnat de France.

Il est vrai que Max Guazzini est avant tout un homme de communication, plus proche du show-bizz que du sport. En quelques années, le Stade français a lancé une nouvelle stratégie pour attirer le grand public. Selon lui, « il faut habiller le match ». Alors il n'a pas hésité à faire venir sur le stade des filles du Moulin Rouge.

Par ailleurs, ses rugbymen ont été invités à la télévision pour faire la promotion du disque *I Will Survive* de Gloria Gaynor, cette chanson qui précède l'entrée des sportifs sur les stades et que l'on a entendue pendant toute la durée de la Coupe du Monde. Chaque disque vendu rapporte un franc au club. Voilà une très

bonne affaire : depuis l'été, huit cent mille disques ont été vendus ! Mais qu'en pensent les joueurs ? Ils s'adaptent sans mal à cette nouvelle stratégie. Ils sont bien sûr très heureux de jouer au Parc des Princes. « C'est fabuleux pour tout le monde, reconnaît l'entraîneur de l'équipe. Ça fait parler de nous, ça fait bouger les choses ! Et puis, à Paris, c'est indispensable. S'il n'y a pas de spectacle, il n'y a pas grand monde dans les stades ! » Mais, sportif avant tout, il reste prudent : « Je ne sais pas si les gens du rugby sont prêts pour ces changements. On verra… Nous devons garder notre titre de champions de France, mais au rugby, tout se joue en 80 minutes. » Après le dernier match, un des joueurs a regretté tout ce grand spectacle qui a précédé le match.

(D'après *Le Monde*, « Le Stade français-CASG propose du grand spectacle » 9/9/98.)

1 Relisez cet article puis remplissez cette grille de compréhension globale :

a) Quel événement ?

b) Quand ?

c) Dans quelle ville ?

d) Combien de spectateurs ?

e) Qui étaient les spectateurs ?

2 Assemblez les expressions de sens proche :

mettre en place ●   ● seul, unique

le show-bizz ●   ● s'habituer à

exclusif ●   ● extraordinaire

conservateur ●   ● une publicité

une promotion ●   ● le monde du spectacle

s'adapter à ●   ● très important

fabuleux ●   ● à l'ancienne mode, traditionnel

indispensable ●   ● organiser

3 Répondez aux questions suivantes :

a) Quel est le poste occupé par Max Guazzini ?

b) Est-ce plutôt :

❑ un sportif

❑ un homme de communication

❑ un homme de publicité

❑ un homme de terrain

❑ un homme d'argent

❑ un homme du spectacle ?

c) A-t-il une idée traditionnelle des événements sportifs ?

d) Retrouvez l'adjectif qui qualifie sa méthode.

e) Quelle est sa grande idée pour remplir les stades ? Retrouvez la phrase qui la résume.

f) Il a organisé plusieurs actions. Lesquelles ? Indiquez vrai ou faux.

– Il a demandé à ses joueurs de distribuer des annonces publicitaires pour le match.

    ❑ vrai   ❑ faux

– Des danseuses du Moulin Rouge ont joué avec l'équipe de rugby.

    ❑ vrai   ❑ faux

– Une chaîne de télévision a filmé le match.

    ❑ vrai   ❑ faux

– Les joueurs ont fait un disque. Ils ont chanté : *I Will Survive*.

    ❑ vrai   ❑ faux

– Les joueurs de l'équipe sont passés dans des émissions à la télévision.

    ❑ vrai   ❑ faux

– Son équipe a reçu de l'argent sur les ventes d'un disque.

    ❑ vrai   ❑ faux

g) Sa campagne publicitaire a-t-elle bien marché ? Pourquoi ?

h) Les joueurs du Stade français sont-ils tous d'accord avec Max Guazzini ?

i) De quoi ont-ils peur ? Quel est leur regret ?

Écrire

4 Vaut-il mieux regarder un match à la télévision ou aller le voir au stade ?

Unité 3

🎧 À la sortie du film *Le Hussard sur le toit*, un journaliste interroge M. et Mme Combes.

Le journaliste – Pourquoi avez-vous choisi ce film ?

Mme Combes – Parce que j'ai beaucoup aimé le roman.

Le journaliste – Justement, ne trouvez-vous pas dangereux d'adapter un roman aussi célèbre ?

Mme Combes – Non. Tout dépend de l'adaptation et du metteur en scène. Il faut qu'il ait du talent, et il a du talent !

Le journaliste – Quand avez-vous lu le roman ?

Mme Combes – Oh, là, là ! Il y a bien vingt ans.

Le journaliste – Est-ce que vous avez retrouvé l'atmosphère ?

Mme Combes – Tout à fait. Je n'ai pas été du tout déçue : tout est juste, bien construit, bien mené. L'histoire est respectée, la psychologie des personnages aussi et les paysages sont superbes.

Le journaliste – Quel acteur avez-vous préféré ?

Mme Combes – Certainement Juliette Binoche. C'est elle qui joue le mieux. Elle a un rôle extraordinaire !

Le journaliste – À votre avis, quels sont les mots qui caractérisent le mieux ce film ?

Mme Combes – Riche, émouvant, authentique.

Le journaliste – Et vous, monsieur, vous êtes d'accord ?

M. Combes – Non, vraiment pas, non. Je n'avais pas très envie de voir ce film ; je suis venu pour accompagner ma femme. D'ailleurs, je n'ai pas aimé le roman non plus ! Et, en plus, je trouve que le jeu des acteurs est artificiel. Non, ce film n'apporte rien. Je me suis ennuyé toute la soirée et je regrette vraiment de ne pas avoir regardé le match à la télé !

Le journaliste – Eh bien voilà un bon sujet de discussion pour ce soir. Monsieur et madame, je vous remercie, et... bonne fin de soirée ! ■

Entraînez-vous

1 « Pourquoi avez-vous choisi ce film ? »

a) 🎧 Écoutez et répétez :
– Pourquoi avez-vous choisi ce film ?
– Parce que c'est un film policier.
– Combien de films voyez-vous par mois ?
– Un ou deux en général.
– Pourquoi allez-vous au cinéma ?
– Pour me détendre, pour me changer les idées.

LA PHRASE INTERROGATIVE

■ Lorsque l'interrogation porte sur toute la phrase, elle est marquée :
– par « est-ce que », sans inversion du sujet : *Est-ce que tu travailles ?*
– par l'intonation montante (à l'oral) : *Tu travailles ?*
– par l'inversion du pronom sujet : *Travailles-tu ici ?*

■ Lorsque l'interrogation porte sur un élément de la phrase, elle est marquée par un mot interrogatif (adjectif interrogatif, pronom interrogatif ou adverbe ; cf précis grammatical)
– Adjectif interrogatif :
Quel *métier choisirez-vous ?*
– Pronom interrogatif :
Qui est-ce qui *a téléphoné ?*
À qui *avez-vous téléphoné ?*
À quoi *avez-vous pensé ?*
Que *dites-vous ?*
– Adverbe :
Quand *partez-vous ?*
Comment *partez-vous ?*
Combien *payez-vous ?*
Pourquoi *partez-vous ?*

---

b) Posez des questions sur le texte suivant :
Nous sommes allés voir *Porte des Lilas* au Bretagne, hier à 18 heures : le lundi, c'est demi-tarif. C'est un film de René Clair. Il dure longtemps : presque deux heures ! C'est Georges Brassens qui joue le rôle principal. C'est pour lui que nous avons choisi ce film.

2 « Il faut qu'il ait du talent. »

a) 🎧 Écoutez et répétez :
Il faut qu'il soit bon, qu'il ait du talent et qu'il aime son travail. Et c'est le cas : il est bon, il a du talent et il aime son travail.

LE SUBJONCTIF (1)

■ *Emploi* : pour exprimer une obligation, on emploie *il faut que* suivi du subjonctif.

■ *Formation* :
Pour les verbes en *-er*, le subjonctif est formé à partir du présent de l'indicatif, à la troisième personne du pluriel.

Attention !
Certaines terminaisons sont identiques à l'indicatif et au subjonctif :
*que j'aime, que tu aimes,
qu'il / elle / on aime, qu'ils / elles aiment*
La 1re et la 2e personne du pluriel sont différentes (*-ions, -iez*) :
que nous aimions, que vous aimiez.
Certains verbes sont irréguliers :
– **être** : ... *que je sois, tu sois, il / elle / on soit, nous soyons, vous soyez, ils / elles soient*
– **avoir** : ... *que j'aie, tu aies, il / elle / on ait, nous ayons, vous ayez, ils / elles aient*

---

b) Observez les annonces suivantes :

→ **Agence Lota**
Jeune metteur en scène cherche actrice blonde, 25 ans environ, yeux bleus, 1,75 m.

Agence Legrand
Cherche employée 40 ans environ, BTS comptable, anglais, allemand, expérience.

c) Développez ces annonces :
– Je cherche une actrice pour mon prochain film. Il faut qu'elle…
– Je cherche une employée pour mon agence. Il faut qu'elle…

d) Imaginez la suite de cette conversation téléphonique :
– Bonjour, monsieur. Vous cherchez une employée, je crois. Ça m'intéresse. Quelles sont les conditions ?
– Il faut que vous…

3 « J'ai beaucoup aimé le roman. »

a) Observez :
– Comment avez-vous trouvé ce roman ?
– Je l'ai adoré. Il est bien construit, intéressant.
– Moi, je l'ai détesté. Je l'ai trouvé mauvais, ennuyeux.

Aimer / Ne pas aimer

J'ai adoré, j'ai beaucoup aimé, j'ai un peu aimé, je n'ai pas du tout aimé, j'ai détesté.

J'ai trouvé ce roman super, merveilleux, extraordinaire, remarquable.

J'ai trouvé ce roman inintéressant, ennuyeux, mauvais, nul…

---

b) Racontez et commentez un film que vous avez aimé puis un film que vous n'avez pas aimé.

Cinéma

▌La Vie rêvée des anges

C'est le premier film d'Erick Zonca. Elles habitent dans le Nord, elles sont jeunes, un peu perdues.

Les problèmes dramatiques de la vie vont les rendre plus dures. Élodie Bouchez et Natacha Régnier, les deux actrices, ont reçu au Festival de Cannes le prix d'interprétation. Si vous aimez les films psychologiques, il ne faut pas que vous manquiez *La Vie rêvée des anges*. Il fait l'unanimité auprès des spectateurs.

▌Mulan

C'est le dessin animé de l'année. Il raconte comment une jeune Chinoise entre dans l'armée en se déguisant en homme pour sauver son père et son pays. Avec ce nouveau film, les productions Walt Disney ont réveillé notre enthousiasme et nous avons passé un agréable moment.

Concerts

FESTIVAL D'ÎLE-DE-FRANCE
6 septembre - 18 octobre 1999.

*Sur le chemin du concert,
après une nuit passée à l'abbaye,
vous prendrez un petit déjeuner au château,
vous vous promènerez en forêt de Chevreuse,
avant de visiter le théâtre...
une autre façon d'aller au concert.*

PARMI LES PROCHAINS CONCERTS

● **La Carte du Tendre, un parcours amoureux**
Château de Villarceaux - **dimanche 6 septembre**

● **Les Cinq Parfums**
F.F. GUY - N. ANGELICH, pianos
Château de Courson - **vendredi 18 septembre**

● **Les Noces de Stravinsky
Ensemble Musicatreize**
Ferme du Manet, Montigny-le-Bretonneux - 18 septembre

RÉSERVATIONS :
01 48 12 25 27

Théâtre

▌Tartuffe

Cette pièce de Molière, très critiquée au XVIIe siècle, sera mise en scène le mois prochain au *Théâtre des Amandiers* par Jean-Pierre Vincent. L'acteur Daniel Martin y jouera le personnage d'Orgon, un grand naïf qui tombe entre les mains d'un imposteur et devient fou. Un bon conseil : si vous n'avez pas d'abonnement, il faut absolument que vous réserviez vos places, car c'est une mise en scène originale de *Tartuffe*.

▌Victor

La pièce de Roger Vitrac, écrite en 1928, se passe chez des petits-bourgeois qui fêtent avec des amis l'anniversaire de leur fils, Victor, un garçon de 9 ans très désagréable. La soirée tombe dans l'horreur. Des comédiens merveilleux rendent la pièce vivante et très prenante.
(Théâtre de la Tempête, Cartoucherie)

 **Entraînez-vous** ●

1 Lisez les documents de la page 26 et remplissez la grille suivante :

	TYPE DE SPECTACLE	ANNONCE OU CRITIQUE	CARACTÉRISTIQUES DU SPECTACLE	LIEU/DATE
La Vie rêvée des anges	. . .	. . .	. . .	. . .
Tartuffe	. . .	. . .	. . .	. . .
Mulan	. . .	. . .	. . .	. . .
Victor	. . .	. . .	. . .	. . .
Festival d'Île-de-France	. . .	. . .	. . .	. . .

Vocabulaire

2 Spectacles et critiques.

a) Parmi ces adjectifs, soulignez ceux qui ont une valeur positive :

dramatique, ennuyeux, célèbre, artificiel, magnifique, superbe, authentique, critiqué, désagréable, vivant, mauvais, dangereux, émouvant.

b) Retrouvez l'intrus dans ces séries :
– jouer, interpréter, mettre en scène, tenir un rôle.
– comédien, acteur, metteur en scène, pièce, personnage.
– une pièce, un concert, un roman, un film, un dessin animé, un festival.

c) Complétez ces phrases par les mots suivants : festival, talent, dessin animé, concert, adaptation, mise en scène.
– J'ai vu une superbe . . . de la pièce de Molière, *Le Misanthrope*.
– Le film *Le Bossu* est une . . . d'un roman de Paul Féval.
– Isabelle Adjani est une actrice qui a un grand . . . .
– Ce soir, au programme, il y a un . . . donné par l'Orchestre de Toulouse. On interprète les *Préludes* de Bach.
– Chaque année, pour Noël, les enfants peuvent voir au cinéma un nouveau . . . .
– À Cannes, au mois de mai, un . . . de cinéma a lieu chaque année.

Grammaire

3 Le subjonctif.

a) Réécrivez ces phrases en employant il faut que **suivi du subjonctif :**
Exemple : **Je dois acheter une place pour le concert de ce soir.**
➜ *Il faut que j'achète une place pour le concert de ce soir.*

– Vous devez réserver rapidement vos places pour la pièce.
– Tu dois avoir un billet à tarif réduit.
– Je dois être devant le théâtre à 20 heures.
– Nous ne devons pas manquer le rendez-vous.
– Nous devons payer les places au guichet.
– Mes amis doivent passer une soirée agréable.
– Nous devons fêter leur séjour à Paris.

b) Réécrivez ces conseils en utilisant il faut que **suivi du subjonctif :**
Nous devons jouer cette pièce dans trois mois. Nous devons téléphoner pour réserver un théâtre. Il doit être assez grand. Le metteur en scène doit trouver les comédiens. Ils doivent avoir plusieurs semaines pour étudier leur rôle. On doit tous avoir le temps de bien préparer le spectacle. Marie, tu dois inviter des journalistes pour la première représentation. Tu ne dois pas oublier d'inviter le directeur de l'école. Nous devons le remercier : il doit nous donner une salle pour travailler. Nous devons nous dépêcher : le spectacle doit être magnifique.

4 Le gérondif.

> ### LE GÉRONDIF (1)
>
> ■ *Formation* : Pour former le gérondif, on emploie *en* suivi du participe présent du verbe : *en regardant, en finissant, en prenant, en étant, en ayant.*
> – Pour avoir le participe présent d'un verbe, on enlève la terminaison *-ons* de la première personne du pluriel du présent et on ajoute *-ant* : regarder → *regardant*, finir → *finissant*, prendre → *prenant*.
>
> ■ *Valeurs* : il exprime la cause et le temps.
> *En lisant une petite annonce, l'acteur a trouvé un rôle.* (temps / cause)
> *L'acteur a dîné avec le metteur en scène en sortant du théâtre.* (temps)
> *Cette actrice apprend mieux son rôle en écoutant de la musique classique.* (temps)

> **Attention !**
> Être → *étant*
> Avoir → *ayant*
> Savoir → *sachant*

a) Indiquez la valeur de ces gérondifs :
– En réservant vos places maintenant, vous êtes sûrs de voir la pièce.
– Cette femme joue du piano en regardant le public.
– J'ai eu envie d'être actrice en regardant des pièces de théâtre à la télévision.
– En lisant les auteurs classiques, elle a compris qu'elle voulait écrire des romans.
– Ce metteur en scène a eu une bonne idée en adaptant ce roman pour le théâtre.
– On a eu des places pour ce concert en allant au guichet des réservations.
– Vous avez eu une bonne idée en nous proposant d'aller au théâtre avec vous.

b) Réécrivez ces phrases et employez des gérondifs pour remplacer les mots en italique :
– Ils ont découvert Flaubert *quand ils ont vu* «Madame Bovary» *au cinéma*.
– Elle a eu des places pour ce concert *parce qu'elle a téléphoné longtemps à l'avance au théâtre*.
– Nous avons mieux compris la pièce *quand nous avons lu le texte*.
– Nous travaillons *et en même temps, nous écoutons notre musique préférée*.

– *Quand vous adapterez ce roman pour le cinéma*, vous ferez un bon film.
– *Quand nous avons choisi de voir ce spectacle, nous étions sûrs de passer une bonne soirée.*
– J'ai été très déçu *quand j'ai vu cette mise en scène très moderne des* «Femmes Savantes».
– *Elle passait devant le théâtre* ; elle a acheté deux places pour «Huis-Clos».
– M. Legendre a eu l'idée d'adapter ce roman pour le cinéma *parce qu'il cherchait un rôle pour sa fille actrice*.

Écrire

5 Écrire quelques lignes de critique.

a) Vous êtes allé(e) voir le film *Mulan* avec vos neveux. Vous ne l'avez pas beaucoup aimé. Écrivez quelques lignes de critique.

b) Vous avez assisté à la pièce *Tartuffe* et vous l'avez adorée. Écrivez quelques lignes pour conseiller à une amie d'aller voir cette pièce.

c) Commentez cette affiche.

Écouter et parler

La déception. L'enthousiasme.

1 🎧 Écoutez et imitez ces intonations :

La déception
– Je me suis ennuyé hier soir au théâtre !
– La pièce n'apportait rien.
– Je savais bien… Je ne voulais pas voir ce film.
– La mise en scène est mauvaise, les comédiens jouent mal. La pièce ne vaut rien.
– C'est ennuyeux, c'est mal joué et l'histoire est complètement nulle !

L'enthousiasme
– La pièce était vraiment excellente !
– On a adoré le concert : les musiciens étaient remarquables !
– Oh, vous n'avez pas vu ce film ? Il faut absolument le voir. C'est magnifique.
– C'est une pièce drôle, intelligente ; allez-y, vous allez adorer.
– C'est un très bon dessin animé, l'histoire est bien menée et la musique est superbe !

2 🎧 Écoutez ces phrases et mettez une croix dans la colonne correspondante :

	1	2	3	4	5	6	7	8	9	10
DÉCEPTION										
ENTHOUSIASME										

Écouter

3 🎧 Points de vue de spectateurs.
a) Écoutez cet enregistrement puis répondez aux questions :

Brigitte est allée au théâtre Hébertot, voir *L'Atelier*, une pièce de Jean-Claude Grumberg.

1. Que dit-elle
   – du texte : . . .
   – de la mise en scène : . . .
   – des comédiens : . . .
   – du sujet : . . .
   – de la réaction du public : . . .
2. Quel personnage Brigitte a-t-elle particulièrement apprécié ?
3. Jusqu'à quand peut-on voir cette pièce ?
4. Quel conseil donne-t-elle à Véronique ?
5. Comment peut-on réserver des places ?

b) Réécoutez l'enregistrement puis notez cinq adjectifs que vous avez entendus.

c) Réécoutez cet enregistrement puis répondez aux questions :
Véronique a assisté à un concert du chanteur Jacques Higelin.

1. Quel est son avis sur
   – la salle : . . .
   – le public : . . .
   – les musiciens : . . .
   – le chanteur ce soir-là : . . .
2. Habituellement, comment trouve-t-elle le chanteur ?
3. Que s'est-il passé pendant le concert ?
4. Que fait-il habituellement qu'il n'a pas fait ce soir-là ?
5. Comment a-t-il quitté la scène ?
6. Quelle est son opinion générale sur le spectacle ?

d) Réécoutez l'enregistrement puis relevez cinq expressions de critique.

4 🎧 Proposition de soirée.
Écoutez cet enregistrement puis répondez aux questions :
1. Quelle sortie propose-t-elle ?
2. Pour quel jour ?
3. Le film *Tout sur ma mère* est-il un film :
   ❑ triste
   ❑ gai
   ❑ ennuyeux
   ❑ merveilleux
   ❑ émouvant
   ❑ amusant ?
4. Quel personnage est particulièrement remarquable ?
5. Quel est l'avis des critiques sur ce film ?
6. Comment le film est-il traité ?
7. À quelle heure et où est le rendez-vous ?
8. Iront-elles directement au cinéma ? Pourquoi ?

Parler

5 À vous !

Donnez votre avis sur un chanteur que vous avez écouté en concert.
(Parlez de ses chansons, de ses musiciens, de la durée du concert, de sa personnalité, de l'atmosphère de la salle, du public.)

LA CRITIQUE NE CONNAÎT PAS LA RECETTE DU SUCCÈS !

À quoi peut bien servir encore la critique ? À rien, croirait-on. En tout cas, plus vraiment aux spectateurs ! Ceux-ci ont pris leur autonomie. Il leur arrive, de plus en plus souvent désormais, de choisir leurs livres ou leurs films par eux-mêmes. De rester sourds aux conseils des professionnels de l'avis autorisé ; ou alors d'en suivre d'autres. Lecteurs et spectateurs sont prudents. Dorénavant, on ne pourra plus juger pour eux. Le temps est loin où des critiques célèbres, comme Bertrand Poirot-Delpech (littérature, théâtre) ou Jean-Louis Bory (cinéma), pouvaient être pour une part dans le succès d'une œuvre.

C'est dur pour les confrères, injuste souvent, car le genre a gardé bien du talent. Des romans ont du succès alors que la critique n'a pas pensé à les saluer. Les suppléments littéraires des quotidiens, les chroniques des hebdomadaires consacrent des œuvres qui laissent le public indifférent. Au cinéma, la rupture apparaît plus brutale encore.

Le film de Jean-Marie Poiré et de Christian Clavier, *Les Visiteurs*, a attiré des millions de spectateurs, malgré une critique unanimement hostile. Cet exemple illustre d'ailleurs un malentendu annexe : le public consomme divertissements et produits à grand spectacle exportés par Hollywood. Or, la critique met, elle, un point d'honneur à négliger ce cinéma-là. Parfois, elle ne va même pas le voir ou en ricane avec de bonnes raisons.

La critique a le culte des premiers films « fauchés ». Le public, lui, aime les grosses machineries à effets spéciaux. La critique se retranche derrière des œuvres difficiles ou résolument modernistes. Et quand, soudain, elle s'intéresse à ce qui vient des États-Unis, c'est pour préférer les productions indépendantes aux majors. Bref, elle prend le contre-pied systématique des attitudes prévisibles du marché. Parfois, d'ailleurs, elle se veut « interprétative », elle prolonge le film, le réécrit, le contredit. Pour un peu, elle se croirait elle-même une œuvre d'art ! C'est cette évolution que le public paraît ne plus supporter.

Le constat est le même dans le roman. Plus grave peut-être, les acheteurs de romans pensent avoir démonté toutes les ruses. Ils croient savoir, ce qui n'est pas faux, que les critiques représentent désormais autant la maison d'édition qui édite leurs propres œuvres que leur journal. Et donc eux-mêmes. Depuis quelques années, sous l'impulsion de libraires souvent provinciaux hostiles à ce système, les lecteurs éprouvent un malin plaisir à choisir des œuvres qui ne sont pas produites par le milieu parisien.

On assiste bel et bien à une rébellion. Les consommateurs, pourtant soumis comme jamais aux lois de la promotion et du marketing culturels, paraissent réveiller parallèlement en eux une sorte de refus des diktats.

→

En un mot, et c'est assez, la critique est parisienne, élitiste, familière des puissants. Autant de raisons, comme en politique, comme en tout, de la suspecter. Le temps des maîtres à penser, des « grands avis » des Poirot-Delpech et des Bory, valait-il cependant mieux ? Pas si sûr. Ce temps reculé était aussi celui du reflet d'une hiérarchie rigide entre la critique et le public. Cette puissance d'influence est bien finie. Même les porte-voix télévisuels se sont affaiblis. Même Bernard Pivot n'est plus un gourou. Le désordre règne.

Philippe Boggio
(D'après *Marianne*, 10/8/98.)

1 Lisez cet article puis répondez aux questions suivantes :

Compréhension globale

a) Aujourd'hui, le public est-il très influencé par les critiques de spectacle ?

b) Ce phénomène est-il récent ?

c) Où le public peut-il lire des critiques ?

d) Quel genre de divertissements cinématographiques les spectateurs recherchent-ils aujourd'hui ?

e) Quelle est l'attitude de la critique cinématographique par rapport au cinéma hollywoodien ?

f) Quel genre privilégie-t-elle ?

g) Quel reproche le public peut-il faire à la critique ?

h) Pourquoi parle-t-on dans cet article du film *Les Visiteurs* ?

i) Dans quel autre domaine de la critique le public est-il également prudent ?

j) Retrouvez la principale raison de cette méfiance.

k) Quelle prudence les lecteurs de province ont-ils envers les œuvres des grandes maisons d'édition ?

l) D'après cet article, quels sont les principaux reproches qu'on peut faire à la critique littéraire ?

Compréhension fine

m) Associez les expressions de sens proche :

prendre son autonomie ●	● être très bon
rester sourd à ●	● faire une bonne critique
avoir du talent ●	● vouloir absolument
saluer une œuvre ●	● ne pas faire attention
ricaner ●	● ne pas écouter
prendre le contre-pied systématique ●	● se moquer
mettre un point d'honneur à… ●	● avoir toujours une attitude opposée
négliger ●	● devenir indépendant

n) Retrouvez le sens voisin de ces expressions en cochant la bonne case :

1. Les consommateurs pourtant soumis comme jamais aux lois de la promotion et du marketing culturels.
   ❑ Les consommateurs n'ont jamais connu l'influence des lois de la promotion et du marketing culturels.
   ❑ Les consommateurs sont encore plus qu'avant sous l'influence des lois de la promotion et du marketing culturels.
   ❑ Les consommateurs ont toujours recherché l'influence des lois de la promotion et du marketing culturels.

2. Un produit à grand spectacle, c'est :
   ❑ un spectacle dont on parle beaucoup
   ❑ un spectacle avec une très grande mise en scène et un gros budget
   ❑ un spectacle qui reçoit une très bonne critique.

o) Barrez dans ces séries le mot qui n'a aucun rapport avec les autres :
   – un maître à penser, un porte-voix, un libraire, un professeur, un gourou.
   – un major, un grand spectacle, une grosse machinerie, une œuvre à grand succès, une œuvre mineure.

Écrire

2 Est-ce que vous faites confiance à la critique lorsque vous choisissez un film, une pièce de théâtre, un roman ?

VOUS CONNAISSEZ...

1 L'imparfait et le passé composé

a) Mettez ce récit au passé :

Quelques personnes parlent dans la rue. Deux femmes attendent à la boulangerie. Trois jeunes boivent un thé dans un café. On entend une explosion : c'est peut-être un attentat ! Les gens sortent dans la rue ; les trois jeunes courent après une moto ; c'est peut-être le propriétaire de la moto qui a posé la bombe ! Mais ils ne réussissent pas à l'attraper. Ils vont au commissariat et ils décrivent l'homme à la police : il a une cinquantaine d'années, il porte une veste bleue ; il a les cheveux frisés et le visage rond. Il est de taille moyenne. Un peu plus tard, les pompiers découvrent les dégâts : une conduite de gaz a explosé. Heureusement, il n'y a pas de victimes !

b) Mettez les verbes entre parenthèses à l'imparfait ou au passé composé :

À 20 heures, les spectateurs (*être assis*) dans le stade de Marseille. Ils (*attendre*) l'arrivée des joueurs. Ce soir-là, l'équipe de Marseille (*affronter*) le PSG. C'(*être*) une grande rencontre. La télévision (*filmer*) la totalité du match. À la première mi-temps, Marseille (*mener*) par 1 contre 0. C'est Péres qui (*marquer*) le premier but. Les spectateurs (*crier*) pour montrer leur enthousiasme. La deuxième mi-temps (*se disputer*) en plus de 45 minutes : le PSG (*battre*) Marseille par 3 contre 1. L'équipe du PSG (*fêter*) sa victoire sur le Vieux Port mais les Marseillais (*être*) très déçus.

2 Le futur

Mettez ces prévisions au futur :

1• La finale du tournoi de tennis a lieu demain à Roland-Garros : Hingis rencontre Kournikova.
2• Le dernier match de rugby se dispute dans deux jours au Stade de France. Les Écossais, qui ont vraiment envie de garder leur titre, affrontent Bordeaux.
3• On donne le départ de la course à la voile dimanche à La Rochelle : de jeunes navigateurs participent à cette course. Ils sont attendus lundi soir à Biarritz. Ils parcourent cette distance dans des conditions difficiles mais nous avons de leurs nouvelles par radio.
4• Le Tour de France prend le départ dimanche prochain. Les coureurs ont 1 500 kilomètres à parcourir. Cette année, le Tour comprend 26 étapes et, comme chaque année, il se termine sur les Champs-Élysées.

3 Le passif

Racontez ces faits au passif :

1• On a cambriolé la maison de M. et Mme Combes. On a ouvert la fenêtre et on a dérobé le poste de télévision, mais le cambrioleur a oublié l'argent et les bijoux sur la table du salon. Les victimes ont déposé une plainte et la police interroge actuellement des témoins.
2• Le mois prochain, la Troupe de la Lune mettra en scène le *Dom Juan* de Molière. De jeunes acteurs inconnus interpréteront les rôles. Le metteur en scène apporte des éléments comiques ; il nous donnera une interprétation très moderne et vivante du texte de Molière.

4 L'expression du temps

Regardez ce programme de théâtre :

PROGRAMME
des pièces jouées au théâtre des Amandiers

3 OCTOBRE/22 NOVEMBRE :	**Le Tartuffe**
7 OCTOBRE/17 OCTOBRE :	**Alfred, Alfred**
21 OCTOBRE/ 24 OCTOBRE :	**Quel que soit...**
3 NOVEMBRE/22 NOVEMBRE :	**Éloge de l'ombre**
3 DÉCEMBRE/ 13 DÉCEMBRE :	**Max Black**

a) Présentez ces pièces chronologiquement sans employer de dates.

b) Nous sommes le 15 octobre. **Complétez ces phrases avec** du ... au ..., dès, d'ici, jusqu'à, à partir de, depuis :

On joue *Le Tartuffe* . . . 22 novembre. Mais . . . 3 décembre, vous pourrez voir *Max Black*. En effet, cette pièce est jouée . . . 3 . . . 13 décembre. N'oubliez pas de réserver vos places pour *Alfred, Alfred* . . . le 17 octobre. Après, ce sera trop tard ! Pour la pièce *Éloge de l'ombre*, il est encore un peu tôt ; mais vous pouvez réserver vos places . . . la semaine prochaine ; on la joue . . . 3 novembre. Alors ce soir vous pouvez assister au *Tartuffe* qu'on joue déjà . . . le 3 octobre. Mais vous avez encore du temps pour le voir !

5 Le subjonctif présent

Mettez les verbes entre parenthèses au subjonctif :

1• Il faut que vous (*arriver*) en avance au théâtre et que vous (*avoir*) le temps d'acheter votre place.
2• Il faut que nous (*rentrer*) à la maison. Il faut que tu (*appeler*) un taxi ; il n'y a plus de métro à cette heure-ci ! Et il faut que nous (*se dépêcher*) parce que je suis très fatiguée !

3• Il faut que je (*avoir*) un peu d'argent pour aller au stade. Il faut que je (*être*) en avance parce que Pierre m'attendra devant le guichet. Ce match est important pour nous et il faut que nous (*avoir*) de bonnes places !

VOUS SAVEZ...

1 Comprendre et faire une description

🎧 La pharmacienne et ses employés

a) Regardez ce dessin, écoutez l'enregistrement puis indiquez sous le dessin qui sont Dominique, Sabine et Bernadette.

b) Regardez ce dessin puis décrivez Mme Durand.

2 Comprendre et raconter un fait divers

🎧 Le voleur inconnu oublie sa carte d'identité !

a) Écoutez ce fait divers puis répondez aux questions suivantes :

1• Où Francky a-t-il l'habitude de voler ?
2• Où a eu lieu son dernier cambriolage ?
3• Qu'a-t-il emporté ?
4• Est-il sorti seul ?

5• Où est-il allé ensuite ?
6• Que lui est-il arrivé ?
7• Aujourd'hui, où est Franky ? Pour combien de temps ?
8• Quelles sont les deux erreurs commises par Franky ?

b) Racontez un fait divers :

3 Comprendre des résultats sportifs et présenter une manifestation sportive qui va se dérouler

🎧 Match de rugby/🎧 Tournoi de tennis

a) Écoutez les deux enregistrements. Remplissez les fiches puis répondez aux questions.

Enregistrement 1

Sport : . . .
Nom du match : . . .
Lieu : . . .
Date : . . .
Résultats : . . .
Nationalité des joueurs : . . .
Équipe gagnante : . . .

Enregistrement 2

Sport : . . .
Nom du tournoi : . . .
Lieu : . . .
Date : . . .
Résultats : . . .
Nationalité des joueurs : . . .
Joueur gagnant : . . .

1• Quel sera le prochain match de rugby ?
2• Quelles nationalités seront opposées ?
3• Dans quel pays aura lieu cette rencontre ?
4• Combien de spectateurs seront attendus ?
5• Quel était le problème de Cédric Pioline ?
6• Combien de temps a duré le match ?
7• Comment avait-il joué la veille ?

b) Lisez ces informations et présentez cette manifestation sportive.

TRAVERSÉE À LA VOILE DE L'OCÉAN PACIFIQUE NORD

Départ : 2 août à Yokohama (Japon)

Arrivée : San Francisco (États-Unis)

Distance : 8 400 kilomètres

Durée de la traversée du champion de la précédente course :
16 jours par Steve Fossett
Participants :
Bruno Peyron et d'autres navigateurs moins connus.

4 Comprendre et exprimer votre accord ou votre désaccord

🎧 D'accord/Pas d'accord

a) Écoutez ces commentaires et remplissez la grille.

	1	2	3	4	5	6	7
Accord							
Désaccord							

b) Formulez un avis contraire aux avis suivants :

1• Je fais confiance à Bertrand, c'est un excellent coureur et je suis sûr qu'il va gagner !

2• À mon avis, les Bordelais vont battre l'équipe de Guingamp !

3• Je trouve que cette actrice est excellente ; le film est superbe et l'histoire très prenante.

5 Dire ce que vous aimez, ce que vous n'aimez pas

– dans un spectacle ;
– dans un événement sportif.

TEST

ÉCRIT

Compréhension de critiques de films

a) Lisez ces cinq critiques de films parues dans des magazines et retrouvez les éléments nécessaires pour compléter ce tableau.

	1	2	3	4	5
Titre du film					
Opinion favorable					
Opinion défavorable					
Expressions indiquant que le journaliste a aimé					
Expressions indiquant que le journaliste n'a pas aimé					

b) Quel est le film pour lequel le journaliste est le plus négatif ? Notez les formules employées.

c) Quel est le film pour lequel le journaliste est le plus enthousiaste ? Notez les formules employées.

Bandits de Katja von Garnier.

C'est la cavale de quatre cousines lointaines de Thelma et Louise, rockeuses décorativement délinquantes, qui, pendant presque deux heures interminables, se font leur clip (très laid), comme d'autres se font un film. Mention spéciale à la prise en otage du top model Werner Schreyer, si heureux de cette incursion dans le cinéma qu'il sourit même quand on le maltraite. C'est nul et totalement inoffensif.

Franco-allemand (1 h 50). Réal. : Katja von Garnier. Scén. : Uwe Wilhelm, K. von Garnier. Avec : Katja Rieman (Emma), Jasmin Tabatabai (Luna), Nicolette Krebitz (Angel), Jutta Hoffmann (Marie).

❶ *Télérama*

THE GAME de David Fincher.

C'est à un drôle de jeu que se prête Nicholas Van Orton : un jeu dangereux qui va le traquer à tout instant et pourrait bien lui coûter la vie. Le genre de scénario fatigant, prétexte à des images violentes au milieu desquelles Michael Douglas et Sean Penn se démènent tant bien que mal, mais sans nous convaincre une seconde…

À l'affiche. Avec Michael Douglas et Sean Penn.

❸ *Modes et Travaux*

Chat noir, chat blanc

Film franco-allemand d'Emir Kusturica, avec Saverdzan Bajram, Florijan Ajini (2 h 01).

Kusturica est de retour, après la claque *Underground*. Il retrouve les tsiganes des rives du Danube, déjà filmés pour *Le Temps des gitans*, un de ses succès, film traversé de fulgurances magnifiques, mais aussi encombré de boursouflures de style, de clins d'œil complices au génie (Welles). Rien de tel ici. Kusturica s'amuse avec ses escrocs, mafieux, bricoleux, vieillards édentés et rigolards, tueur techno, grand échalas raide d'amour pour une presque naine. Personnages et acteurs se confondent, le cinéaste retrouve les vertus de la simplicité et redécouvre le burlesque. Le résultat est irrésistible, délirant, déjanté. On s'aime dans les maïs, on s'occit pour un regard, les mariés se font la malle et les morts ressuscitent. Le soleil éclabousse ce film gorgé de sève, porté par la musique et le rire, la vie triomphe.

Le Nouvel Observateur

❺

❷ ON CONNAÎT LA CHANSON
d'Alain Resnais.

On connaissait aussi la comédie musicale mais là, c'est un tout autre genre que nous proposent Alain Resnais, réalisateur, Agnès Jaoui et Jean-Pierre Bacri, auteurs et interprètes du film. Un genre emprunté à un Britannique, Denis Potter, qui remplace avantageusement les apartés théâtraux ou les flash-backs cinématographiques censés nous renseigner, en marge de l'action, sur les sentiments véritables des personnages. Dans cette comédie dont on ne dira rien du scénario, tant il est attendu, simple, banal, bref crédible, tous les non-dits de la vie sont chantés en play-back. Tout l'impact du film réside dans cette idée : au beau milieu d'une phrase, un comédien va chanter deux ou trois phrases d'un tube et reprendre, sans transition aucune, sa réplique là où il l'a laissée. Effet comique assuré, mais pas seulement. C'est que le tandem Jaoui-Bacri a oublié d'être superficiel. Mine de rien, *On connaît la chanson* s'attaque à la tyrannie des apparences qui voudraient se faire passer pour de la communication et du relationnel. Décapante, drôle, émouvante : une comédie de la meilleure trempe !

À l'affiche. Avec Pierre Arditi, Sabine Azéma, Jean-Pierre Bacri, André Dussollier, Agnès Jaoui, Lambert Wilson.

Modes et Travaux

❹ Le Mariage de mon meilleur ami

Film de P. J. Hogan avec Julia Roberts, Dermot Mulroney, Cameron Diaz, Rupert Everett.

Si, à vingt-huit ans, nous n'avons pas trouvé l'âme sœur, alors nous nous marierons, avaient décidé Julianne et Michael. Lorsque Julianne (Julia Roberts), à la veille de la date fatidique, apprend que son meilleur ami (Dermot Mulroney) a demandé en mariage une autre jolie fille (Cameron Diaz), elle décide de reconquérir le jeune homme. L'amour, la solitude, l'amitié et un brin de folie mènent cette comédie parfois musicale qui, outre les trois acteurs principaux, accueille le beau Rupert Everett. Tous quatre sont excellents et déploient des trésors de talent pour masquer les faiblesses d'un scénario qui manque un peu de muscle.

Figaro-Magazine

ÉCRIT

a) Aimez-vous les films policiers ? Dites pourquoi.

b) Les films policiers incitent à la violence. Êtes-vous de cet avis ?

ORAL

a) Il y a trop de violence à la télévision.

b) Les sports et l'argent sont très souvent mêlés. Quelle est votre opinion ?

c) La télévision tue le cinéma. Qu'en pensez-vous ?

ORAL

Commentez ce dessin :

ÉCRIT

LA VIE SPORTIVE

la fête du cœur et de l'émotion

Une folle ribambelle de héros

Durant deux jours, le bois de Boulogne a vibré au rythme des 20 000 concurrents. Un moment intense et un grand succès.

11 h 55, hier, un soleil hivernal baigne l'aire de départ. Derrière les barrières, les parents, les frères et les sœurs se pressent. Musique, lever des herses, et ils sont plus de mille deux cents gamins à s'élancer pour deux kilomètres sous les clameurs d'encouragement des spectateurs. Volée de moineaux multicolore et image la plus forte de ce week-end incomparable. Formidable bain de jouvence et signe flagrant de bonne santé, pour ce presque quarantenaire qu'est le cross du *Figaro*.

Une poignée de minutes plus tard, ils sont là, le visage rougi par l'effort, les jambes crottées, le souffle court, pliés en deux pour retrouver leur respiration. Les parents courent, s'affolent pour regrouper leurs bébés champions. Le cross sourit et s'emballe pour ce temps fort empli d'émotions.

Comme chaque année depuis 1961, le cross écrit son histoire. Entre conte et fable. Rendez-vous d'habitués, de néophytes, de passionnés qui transforment durant deux jours le bois de Boulogne en planète cross. L'aventure commence tôt le samedi. Un matin pluvieux qui arrive sur les pointes, un matin chagrin qui prend toute sa lumière dès l'hippodrome d'Auteuil. Là, on débarque dans un autre monde. Celui des trotteurs. Pas des chevaux, mais des humains qui martèlent le macadam et la boue à pas cadencés.

Chacun a son truc, ses manies, ses habitudes. Mais, une fois en course, il n'existe plus que la vérité des jambes. Le « Figaro » commence alors à décliner ses vainqueurs et tous les anonymes. Ribambelle de héros. Chacun à sa place. Avec ses deux vainqueurs, catégories non-licenciés, soupçonnés d'avoir dissimulé pour la circonstance leur appartenance à quelque association sportive. Puis, cette jeune femme brune, deuxième, qui s'inquiète des langueurs du protocole. *« Vous croyez que cela sera terminé bientôt ? Je dois aller chercher mes petites filles à l'école. »*

Bain de boue

Les courses se succèdent. Passe Arlette Bordas, vingt-sept « Figaro » au compteur, troisième chez les vétérans. *« Pourquoi n'y a-t-il pas de course "vieilles pointes" femmes ? C'est trop dur de courir avec des jeunes de 50 ans. »* Un peu à l'écart, André Bouder, recordman des victoires, est venu en voisin et spectateur. Depuis deux ans, il ne court plus, mais l'envie est toujours là.

Une petite place pour le Cœur, et voilà l'heure des étudiants avant les fanatiques des longues distances, les accros du 20 km. Le jour s'efface dans la foulée des derniers vétérans. Vivement dimanche.

Soleil radieux, température printanière. Embouteillage pour rallier l'hippodrome d'Auteuil. Il est 9 heures et le bois frémit déjà. Les enfants débarquent par centaines. La foule grossit, les badauds pataugent dans la boue. Les entreprises déroulent leur long ruban. Le rythme monte encore d'un cran. Bientôt les as. Honneur aux dames et à l'Éthiopienne Getenesh Urge. Puis les hommes et encore le Kenya avec Julius Kiptoo. Dernier vainqueur du week-end, héros parmi les 20 000 héros.

Le soleil a disparu, la boue demeure. Dans le bois, les gens remballent et se pressent vers leurs cars, leurs voitures et le métro. La planète cross démonte son chapiteau et nous laisse frustrés, les yeux dans le vague, au détour d'une sente. Il est seize heures. Le 38e cross du *Figaro* a vécu. Et si on recommençait l'année prochaine ?

Jean-Christophe PAPILLON
Le Figaro, lundi 14 décembre 1998.

Compréhension écrite

Lisez l'article Une folle ribambelle de héros **puis répondez aux questions suivantes :**

1• Qui organise cette manifestation sportive ?
2• Depuis combien de temps le cross du *Figaro* existe-t-il ?
3• Quel jour et où a-t-il lieu ?
4• Combien de concurrents y participent ?
5• Les coureurs professionnels peuvent-ils participer à cette course ?
6• Tous les concurrents partent-ils en même temps ?
7• Remettez dans l'ordre l'organisation de ces courses et indiquez le jour où elles ont lieu :

    Course des as ( ) . . .
    Course des non-licenciés ( ) . . .
    Course des messieurs ( ) . . .
    Course des longues distances ( ) . . .
    Course des dames ( ) . . .
    Course des vétérans ( ) . . .
    Course des étudiants ( ) . . .
    Course des enfants ( ) . . .

8• La longueur des parcours est-elle la même pour tous ? Donnez deux exemples.
9• Deux critiques sont formulées dans cet article. Lesquelles ?

    ❏ Les parcours sont trop longs.
    ❏ On ne peut pas y participer à tous les âges.
    ❏ Il faudrait organiser un cross pour les personnes très âgées.
    ❏ Les membres des associations sportives ont le droit de courir.
    ❏ L'organisation des courses se fait trop lentement.
    ❏ Il faudrait organiser le cross en été quand il fait beau.

10• L'article a pour sous-titre « la fête du cœur et de l'émotion ». Quelles expressions donnent l'idée de fête ?
11• Relevez les expressions qui donnent l'idée du grand nombre de spectateurs.

ORAL

Lisez l'article Le défunt continuait à tirer de l'argent **puis faites-en une présentation à partir des orientations suivantes :**

1• D'où est extrait ce document ? Quelle est sa finalité ?
2• Quel en est le sujet général ?
3• Quelles sont les principales informations données sur ce sujet ?
4• Ce texte vous paraît-il intéressant ? Pourquoi ?

Le défunt continuait à tirer de l'argent

Le défunt continuait à retirer de l'argent sur son compte. Sans ce détail surnaturel, personne n'aurait douté de la cause naturelle du décès d'un Parisien de 73 ans, dont le corps avait été retrouvé au début du mois. Quinze jours après son enterrement, deux jeunes gens ont été écroués. Mis en examen pour l'avoir volé au cours d'un piège monté de toutes pièces, ils sont également soupçonnés d'avoir, au moins indirectement, provoqué sa mort.

Lorsqu'un membre de sa famille découvre Jacques, allongé sans vie dans cet appartement où il vivait seul, rue de Reuilly à Paris (XIIᵉ), rien n'indique qu'il a été victime de violences. Le médecin venu l'examiner le 5 novembre au matin ne relève pas de traces suspectes sur le corps. Jacques est mort la veille au soir, d'un arrêt du cœur. Le permis d'inhumer est signé, les obsèques célébrées quatre jours plus tard.

Le lendemain des funérailles, le gendre alerte la police. Les comptes de Jacques font apparaître qu'il continue à retirer de l'argent aux distributeurs de son quartier ! Quatre fois au moins, sa carte bancaire a été utilisée et plus de 1 500 € prélevés. Dans l'appartement, la police relève des empreintes de pas et, surtout, des fils de téléphone arrachés.

En effectuant la tournée des banques du quartier de Nation, où l'argent a été retiré *post mortem*, les policiers récupèrent une photo. Une caméra a filmé un jeune homme en plein retrait avec la carte du défunt. Les enquêteurs ont par ailleurs appris que deux personnes connaissaient le code bancaire de Jacques : un vieux copain de ce dernier et le fils de ce dernier, âgé de 17 ans. L'adolescent, à qui on demande d'identifier la photo de la banque, désigne un de ses copains, Martial, âgé de 21 ans. Les deux jeunes finissent par parler.

Le corps exhumé

Le 4 novembre, dans la soirée, ils ont monté un guet-apens. Connaissant les habitudes du vieil homme, ils l'attendent près de chez lui. L'adolescent joue les appâts, s'élançant gaiement à la vue de Jacques, certain qu'il lui proposera de monter boire un verre. Il prend soin de laisser les portes ouvertes derrière eux. Martial leur emboîte le pas. Il coupe le courant et profite de l'ombre pour voler la carte bancaire dans la veste de Jacques, accrochée à une chaise. Le vieil homme, assurent-ils, serait tombé tout seul, dans l'affolement. Les deux complices ont ensuite commencé leurs retraits d'argent.

La suite de l'enquête est maintenant suspendue à l'autopsie du corps, qui devrait être bientôt exhumé.

Claudine PROUST
Le Parisien,
mardi 24 novembre 1998.

ÉCRIRE

1 Présenter un programme
Proposer et accepter une invitation

Dans la rue, vous voyez cette affiche.

a) Vous écrivez un petit mot à une amie pour lui expliquer le programme de cette soirée et pour lui proposer d'y aller avec vous le samedi 27 mai.

b) Votre amie accepte votre invitation. Elle vous laisse un message sur votre e-mail. Rédigez-le à partir des informations suivantes :

« OK pour soirée Villette 27 / 05… / préfère dormir chez toi après soirée / rendez-vous possible Café de la Musique, 19 h 30 / pas libre avant / très occupée agence / beaucoup de travail en avril »

MUSIQUE DANSE CINÉMA

26/27/28 mai et 2/3/4 juin

Cité de la Musique, Grande Halle,
Parc de la Villette à partir de 20 heures

LATITUDES VILLETTE-BRÉSIL

20 h : ÉCOLE DE SAMBA DE RIO

**22 h : GRAND BAL DE SAMBA
ORCHESTRES DE MUSIQUES TRADITIONNELLES**

**20 h/23 h : PRÉSENTATION DE L'ARTISANAT LOCAL
EXPOSITIONS DE PEINTURES NAÏVES ET DE PHOTOS**

21 h : PROJECTIONS DE FILMS

20 h/22 h : DÉGUSTATION DE PLATS TYPIQUES

Senteurs, couleurs, sons :
Le Brésil débarque en force…
Venez nombreux !

---

2 Présenter une personne

À peine la pièce a-t-elle donc commencé que « la Dame aux camélias » est déjà une légende. Pour Isabelle Adjani, ce n'est pas un rôle, c'est presque un aveu. D'ailleurs, précédé par des articles qu'on n'accorde qu'aux mythes vivants, son retour sur une scène après vingt-cinq ans d'absence (si l'on oublie l'éphémère *Mademoiselle Julie*) a sonné, cet automne, tel un événement national. Le transfert, au Panthéon, des cendres de Mlle Rachel ou de Sarah Bernhardt n'eût pas été moins grandiloquent. Notre époque a tout banalisé, elle a besoin d'icônes : la Reine Margot est notre Lady Di.

Comme Armand, parti à l'étranger sans se retourner, on l'a beaucoup aimée, Isabelle. On était très jeune, on avait son âge, on rêvait d'être à la fois Horace chez Molière et Hans von Wittenstein zu Wittenstein chez Giraudoux. C'était à la Comédie-Française, au début des années 70. Pour psalmodier « le petit chat est mort » dans *L'École des femmes*, elle avait le nez rouge et les yeux humides d'une novice qui supplie qu'on la réconforte. Et dans *Ondine*, où elle trahissait le peuple des eaux pour l'amour de Jean-Luc Boutté, ce beau et faible chevalier, elle incarnait l'absolu de la passion avec une innocence, une spontanéité, une insolence, qui abolissaient soudain toutes les vieilles conventions du Français.

À cette lumineuse sauvageonne jaillie d'on ne sait où pour faire vibrer les cœurs et trembler les hommes, on prédisait alors un bel avenir. On imaginait qu'elle allait brûler les planches, briller dans tout le répertoire. Mais Isabelle Adjani a quitté le théâtre en 1974 et n'y est plus revenue. À l'exception d'*Adèle H.* et de *Camille Claudel*, elle n'a pas davantage donné au cinéma ce qu'elle refusait au théâtre : sa maigre filmographie n'est pas digne du frémissant talent qu'elle avait exalté à ses débuts, et dont on ne laisse pas d'être nostalgiques. Tandis que sa contemporaine Isabelle Huppert, qui n'a jamais été une star mais a toujours été une comédienne, multipliait les rôles et les audaces à la scène comme à l'écran, celle qui était entrée dans le métier avec d'adorables lèvres boudeuses s'est

installée dans sa propre légende derrière des lunettes noires et un contrariant mutisme.

Voilà pourquoi, dès qu'elle apparaît sur la scène du Marigny, blanche comme un fantôme, comme sa propre réincarnation, on a l'impression, bouleversante et douloureuse à la fois, qu'Isabelle Adjani, cette fois, joue sa vie. La Marguerite Gautier qui s'est trop donnée, qui s'est perdue, qui s'est sacrifiée, que l'on n'a pas comprise, que la société a vampirisée puis condamnée, et qui est devenue folle, c'est elle. Ses larmes coulent de source sur un visage où le temps semble n'avoir aucune prise. Même quand elle se tord les mains et se roule par terre, rien, chez elle, n'est surjoué, tout semble vrai. Même quand elle se confesse, elle préserve son mystère. Et quand elle meurt, en ricanant de ce que le père d'Armand appelle son « destin », on se dit qu'elle enterre, épuisée, sa propre légende, décidément trop lourde à porter. […]

a) À partir de cet article, paru dans *Le Nouvel Observateur*, présentez chronologiquement la carrière de l'actrice Isabelle Adjani.

b) Quelles sont les principales qualités de cette actrice ?

3 Raconter un fait divers

Écrivez un fait divers à partir des éléments suivants :
– personnage : Madeleine Rivoyre, 76 ans, veuve, sans enfants, un chien, petits revenus, domiciliée à Marseille
– événement : mardi 25 mai 1999, promenade de son chien comme tous les soirs sur le Vieux-Port, trouve par terre un billet de Loto et le garde, regarde le tirage du Loto du mercredi à la télévision : son billet est gagnant : 76 000 €
– dénouement : achat d'une grande maison dans la banlieue de Marseille, emploi de personnel, ouverture d'un centre pour personnes âgées seules (chiens admis), réception par le maire de Marseille, reçoit une médaille et une aide annuelle pour aider les personnes âgées en difficulté.

4 Rédiger une brève

À partir des informations suivantes, écrivez un court article destiné à un magazine sportif :
– *Le Cross des Étudiants, samedi 9 décembre (Hommes : 7 km, départ 12 h 30 / Femmes : 4 km,*

départ 13 h 20 / Participation : 4 euros par chèque à l'ordre du Cross des Étudiants / Clôture des inscriptions le 22 novembre)
– *Football : 19 novembre au stade-vélodrome de Marseille Marseille-Metz 4-1 (Buts pour Marseille : Belmadi à 15', Leroy (2 buts à 45' et 62') et Adriano à 71' ; pour Metz : Meyrieu à 20'). Belle victoire pour les Marseillais. Départ de l'entraîneur brésilien Abel Braga son remplaçant n'est pas encore connu.*
– *Février 2001 : ouverture des ventes de billets pour Coupe du monde de football (en 2002 en Corée et au Japon) sur Internet. (Site ouvert à tous pays).*

5 Écrire une lettre de réclamation

a) Vous avez commandé par Internet deux places pour assister à la Coupe du monde de football le 2 février 2002. Nous sommes aujourd'hui le 6 juillet 2001 et vous n'avez pas encore reçu vos places. Vous envoyez un message par Internet pour avoir des informations sur votre réservation.

b) Vous avez fait une réservation pour avoir trois places pour le 18 décembre pour la pièce *La Dame aux camélias* mais vous ne pourrez pas assister à cette représentation (vous avez de graves ennuis de santé). Vous demandez l'annulation de vos places et le remboursement de vos billets.

🎧 Une employée d'un institut de sondage interroge Cécile Lemercier.

L'employée – Bonjour, madame. Accepteriez-vous de répondre à un petit sondage ?

Cécile Lemercier – Eh bien oui, pourquoi pas ? Ça tombe bien, aujourd'hui, j'ai du temps.

L'employée – Ça fait plaisir. D'habitude, les gens que nous abordons sont plutôt désagréables.

Cécile Lemercier – Il s'agit de quoi ?

L'employée – De l'alimentation.

Cécile Lemercier – Quelle bonne idée ! Justement, je suis médecin. Mais vous savez, il y a de très bons livres de diététique aujourd'hui. Je vous conseille *Bien s'alimenter*. Vous devriez le lire. Je vais vous donner les références…

L'employée – Excusez-moi mais est-ce que vous pourriez d'abord répondre aux questions ?

Cécile Lemercier – Naturellement !

L'employée – Quelle est la composition de votre petit déjeuner ?

Cécile Lemercier – Bonne question. Je vais vous avouer quelque chose. Je prends une tasse de café et je mange deux croissants.

L'employée – Oui…

Cécile Lemercier – Je sais, je sais. Vous allez dire que ce n'est pas raisonnable. Et vous aurez raison ! Il vaudrait mieux que je prenne des céréales.

L'employée – Justement, des céréales, donc, vous n'en mangez pas !

Cécile Lemercier – Non, et j'ai tort.

L'employée – Achetez-vous des produits bio ?

Cécile Lemercier – Encore une excellente question ! Dans les produits courants, il y a de tout ! C'est un véritable scandale. Ah, l'alimentation bio, c'est incontestablement un progrès ! Mais les prix ! J'espère qu'il y a une question sur les prix !

L'employée – Non, madame, il y a seulement la question que je vous ai posée.

Cécile Lemercier – Il faut absolument que vous ajoutiez une question sur les prix !

L'employée – Écoutez, madame, je pense que vous êtes plutôt faite pour écrire un sondage que pour y répondre ! Il vaut mieux que vous alliez voir le patron de l'institut… Je vais vous donner son adresse… ■

Entraînez-vous

1 « Accepteriez-vous de répondre… ? »

a) Observez :
– Vous pourriez répondre à ces questions ?
– Pourriez-vous répondre à ces questions ?
– Volontiers. / Mais volontiers.

– Naturellement. / Mais naturellement.
– Avec plaisir.
– Bien sûr !

LE CONDITIONNEL (1)

■ *Formation :* il est formé sur le radical du futur, auquel on ajoute les terminaisons de l'imparfait.
pouvoir : futur : *Je pourrai*
    conditionnel : *Je pourrais, nous pourrions*
vouloir : futur : *Je voudrai*
    conditionnel : *Je voudrais, nous voudrions*
aimer : futur : *J'aimerai*
    conditionnel : *J'aimerais, nous aimerions*

■ *Emplois :* il peut exprimer :
– une demande polie : *Pourriez-vous… ? Voudriez-vous… ? Aimeriez-vous… ?*
– un souhait, une suggestion, exprimés d'une façon atténuée : *J'aimerais (bien), Je voudrais (bien).*

---

b) Demandez poliment les services suivants puis répondez favorablement :
– Vous expliquer où est la gare.
– Vous accompagner en voiture.
– Vous donner un parapluie.
– Vous conseiller un médecin.
– Vous donner un médicament.

c) Observez :
– J'aimerais (bien) aller voir ce film.
– Je voudrais (bien) aller voir ce film.

– Bonne idée.
– Excellente idée !
– Tiens, pourquoi pas ?

d) Imitez ces dialogues à partir des éléments suivants :
– Aller au théâtre.
– Dîner au restaurant du coin.
– Prendre un café.
– Faire une promenade sur les quais.
– Visiter le musée d'Art moderne.
– Inviter des amis.

2 « Il vaut mieux que… »

a) Observez :
– Il vaut mieux que vous fassiez un bon petit déjeuner.
– Il vaut mieux que vous ne mangiez pas de croissants.
– Il vaut mieux que vous preniez des céréales.
– Il vaut mieux que vous choisissiez des produits bio.

LE SUBJONCTIF (2)

■ *Emplois :* il est utilisé dans l'expression d'une préférence ou d'un conseil après :
– *Il vaut mieux que…*
– *Il est préférable que…*

■ *Formes :*
faire :
… je fasse, tu fasses, il fasse, nous fassions, vous fassiez, ils fassent

prendre :
… je prenne, tu prennes, il prenne, nous prenions, vous preniez, ils prennent

choisir (et autres verbes du 2ᵉ groupe) :
… je choisisse, tu choisisses, il choisisse, nous choisissions, vous choisissiez, ils choisissent

---

Attention !
On peut aussi dans ce cas utiliser l'infinitif.
– *Il vaut mieux prendre.*
– *Il vaut mieux choisir.*

b) Donnez des conseils à partir des éléments suivants. Utilisez tu, vous, ils, nous…
– Prendre un taxi.
– Faire un régime.
– Avoir plus de temps libre.
– Être plus calme.
– Manger de façon plus raisonnable.
– Choisir un autre médecin.

Les trois temps forts de la journée

Le petit déjeuner : pas trop petit quand même !

Après la nuit, et pour commencer une nouvelle journée, le petit déjeuner est important. Il devrait apporter 25 % des besoins alimentaires de la journée. Trop de personnes l'oublient !

Pour tout le monde, enfants comme adultes, la composition du petit déjeuner doit rester la même : un produit céréalier (du pain, des céréales ou quelques biscuits…), un produit laitier (un verre de lait, un yaourt, un peu de fromage blanc…), un fruit frais (ou en jus) et une boisson (du café, du thé, du chocolat au lait…).

Le déjeuner : le repas clé de la journée

Le déjeuner apporte un moment de détente. Il devrait se composer d'une entrée de légumes crus ou cuits, d'un plat avec de la viande, du poisson ou des œufs et des légumes ou des féculents, d'un produit laitier (du fromage ou un yaourt) et d'un fruit… sans oublier le pain. Mais on peut aussi, de temps en temps, choisir un plat un peu plus lourd comme de la charcuterie ou un gâteau au dessert. En général, il vaut mieux diminuer notre consommation de graisses. Les Français en mangent trop.

Le dîner : léger, léger…

C'est le moment où l'on retrouve la famille et les bons petits plats. Pourtant, pour passer une bonne nuit, le dîner devrait être plus léger que le déjeuner. L'équilibre avec le déjeuner est une règle à suivre. Un plat de viande n'est pas obligatoire et on peut choisir de manger des légumes. Certaines personnes plus âgées prennent une soupe, mais il ne faut pas non plus avoir faim en sortant de table !

Les conseils de notre diététicien
Ce qu'il faut faire

■ Vous devriez vous mettre à table trois fois par jour. Sachez que tous les repas sont nécessaires ! Le petit déjeuner est aussi important que le déjeuner ou le dîner. Sauter un repas ne fait pas maigrir.

■ Si vous avez peur d'avoir faim, il vaut mieux que vous emportiez une collation pour la matinée ou l'après-midi, comprenant un produit céréalier (quelques biscuits, un peu de pain…), un produit laitier et/ou un fruit.

■ Augmentez la durée de vos repas et faites-vous plaisir : préparez de jolis plats, ajoutez des épices, apprenez à sentir et prenez plaisir à regarder votre assiette. Bien manger, c'est aussi cela !

Entraînez-vous •

1 Lisez les conseils de notre diététicien et relevez trois conseils formulés de façon différente. Quelles formes verbales sont employées ?

Vocabulaire

2 **Produits alimentaires.**

a) Classez ces produits alimentaires en trois catégories : produits laitiers, produits céréaliers, fruits et légumes. **Faites-les précéder d'un article partitif ou indéfini.**
Fromage, pain, haricots verts, biscuits, orange, pomme, fromage blanc, spaghetti, yaourt, croissant, beurre, lait, tomate, salade verte, céréales.

b) Remplacez les expressions en italique par des mots de la leçon. Faites les transformations nécessaires.
– Si vous voulez maigrir, *faites* un régime mais il ne faut pas *oublier* un repas ; c'est mauvais pour la santé.
– Prenez un petit déjeuner *avec des aliments* variés : un yaourt, des céréales et un fruit.
– *Passez plus de temps pour* vos repas ; n'oubliez pas que c'est un moment de *repos*.
– *Dans* votre dîner, *il doit y avoir* des légumes, peut-être de la viande, un produit laitier et un fruit.

Grammaire

3 **Expression de la quantité.**

LES INDÉFINIS
■ On utilise **un peu de** pour un produit que l'on ne peut pas compter. *Un peu de lait, un peu d'eau, un peu de sucre.* ■ On utilise **quelques** pour les noms qu'on peut compter. *J'ai quelques fruits. Je voudrais quelques fraises.* ■ **Certain** et **tout** s'accordent en genre et en nombre avec le nom. *Tout le mois, toute la nuit.* *Tous les jours, toutes les semaines.* Un *certain* plat, une *certaine* viande. Au pluriel, **certain(e)s** s'emploie sans article. *Certains produits.* ■ **Tout le monde** est toujours suivi du singulier. *Tout le monde est d'accord ?* ■ **Quelques, certains, plusieurs** s'emploient pour exprimer une quantité indéfinie, mais *plusieurs* insiste sur le nombre. **La plupart** désigne la plus grande partie d'un ensemble. **Tout(e), tous, toutes** désigne la totalité. *Elle passe plusieurs week-ends dans sa famille.* *Quelques week-ends par an, elle va voir ses parents.* *Certains longs week-ends, comme Pâques,* *la Pentecôte ou la Toussaint, elle va chez sa sœur* *dans le Sud.* *La plupart des week-ends, elle reste à Paris* *et elle voit ses amis.*

Lisez ces phrases sur les habitudes alimentaires des Français puis réécrivez-les en remplaçant les pourcentages et les mots en italique par des expressions de quantité :
– *81 % des Français* déjeunent chez eux le week-end.
– *3 millions de Français* prennent leur petit déjeuner devant la télévision.
– *Les Français* mangent en général du pain aux repas.
– *Les personnes âgées* prennent souvent une soupe le soir.
– *60 % des Français* boivent du café le matin, *40 %* préfèrent le thé, le chocolat au lait ou les jus de fruits.
– En 1963, les Français buvaient en moyenne, *127 litres de* vin par an. Heureusement, ils ont beaucoup diminué leur consommation !

4 **« En » suivi d'un indéfini.**

« EN » SUIVI D'UN INDÉFINI
Le pronom **en** peut être suivi d'un indéfini **(peu, beaucoup, quelques-uns).** – *Vous avez des amis ?* – *Des amis, j'en ai peu à Bordeaux, j'en ai quelques-uns à Paris mais j'en ai beaucoup à Lille. J'en ai aussi une en Allemagne et plusieurs en Belgique.*

> **Attention !**
> *Quelques-uns* devient *quelques-unes* au féminin.

Répondez à ces questions à partir des éléments donnés. Employez des indéfinis.
– Les Français boivent-ils maintenant de l'eau en bouteille ? *(beaucoup)*
– Les Français achètent-ils des produits biologiques ? *(quelques)*
– Mange-t-on des produits frais ? *(peu)*
– Aujourd'hui, combien de vrais repas fait-on par jour ? *(un)*
– Les enfants aiment-ils tous les fromages ? *(certains)*
– Mange-t-on des fruits chaque jour ? *(plusieurs)*
– Les Françaises suivent-elles des régimes ? *(quelques)*

5 L'expression d'une évolution.

Commentez ces changements dans l'alimentation des Français :

Un Français consomme en moyenne

En kilo, litre, par personne et par an.
↘ → ↗ tendance de la consommation

Alcools	11,5 ↘	Pain	58,4 ↘		
Beurre	8,2 ↘	Pâtes	7 ↗		
Bière	40 →	Poisson	19 ↗		
Céréales	1,1 ↗	Pommes	15 →		
Pommes de terre	63 ↘	Sucre	10 ↘		
Eau minérale	103 ↗	Glaces	6 ↗		
Viande	25,8 ↘	Jus de fruits	12,5 ↗		
Vin	65 ↘	Oranges	11 →		

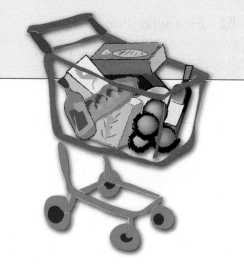

Exprimer un changement, une évolution (changer, évoluer) :

↗

augmenter / une augmentation
progresser / une progression
croître / une croissance

↘

réduire / une réduction
diminuer / une diminution
régresser / une régression

=

se stabiliser (être, rester stable) /
une stabilisation

Écrire

6 Commenter les repas des Français.

Lisez ces deux documents puis faites un commentaire,
donnez votre opinion et formulez des conseils :

Chez eux
69%

Ailleurs
25%

À la cantine au restaurant
6%

ILS DÉJEUNENT...

Le temps moyen des repas pris à domicile est de 17 minutes pour le petit déjeuner, 33 minutes pour le déjeuner et de 38 minutes pour le dîner, soit au total une heure et demie par jour. La diminution moyenne est de 12 minutes par jour depuis 1975.

Écouter et parler

Formuler poliment une demande /
Répondre favorablement
à une demande.

1 🎧 Écoutez et imitez ces intonations :

– Pourriez-vous me donner un stylo, s'il vous plaît ?
– Volontiers, tenez !

– Accepteriez-vous de prendre un taxi pour rentrer ?
– Naturellement, je téléphone tout de suite.

– Auriez-vous la gentillesse de porter ma valise ?
– Bien sûr, donnez-la-moi !

Exprimer une préférence.

2 🎧 Écoutez et imitez ces intonations :

– J'aime bien ce restaurant, mais ce soir,
j'aimerais mieux changer !
– Le cinéma, c'est très bien, mais pour mon
anniversaire, je préférerais aller au théâtre !
– Ce vin blanc est excellent mais le champagne
est meilleur !
– On aime bien la montagne mais les vacances à
la mer, c'est quand même mieux !

Exprimer un conseil.

3 🎧 Écoutez et imitez ces intonations :

– Il vaut mieux téléphoner avant de passer chez
Pierre !
– Il faudrait que tu suives un régime !
– À ta place, j'irais voir un médecin.
– Tu pourrais t'inscrire dans un club de gym !
– Tu ferais bien de boire moins d'alcool !
– Il vaudrait mieux que tu changes tes habitudes.
– Tu devrais faire plus attention à toi !

4 🎧 Écoutez puis mettez une croix
dans la bonne colonne :

	1	2	3	4	5	6	7	8
Demande								
Réponse								
Conseil								
Préférence								

Écouter

5 🎧 Les conseils d'un diététicien.
a) Écoutez cet enregistrement puis cochez
les conseils que vous avez entendus :

1. ☐ Pour se sentir bien, il faut manger de tout
mais en petites quantités.
2. ☐ Le déjeuner doit être moins important que le
dîner.
3. ☐ Il faut prendre beaucoup de matières grasses.
4. ☐ L'huile est bonne pour la santé.
5. ☐ Il ne faut pas prendre trop de sel.
6. ☐ Il faut manger tous les jours des produits
sucrés.
7. Il est interdit de boire :
☐ de l'alcool
☐ du vin.
8. Il faudrait boire chaque jour :
☐ un verre d'eau
☐ plus d'un litre d'eau.

b) Une de ces trois journées alimentaires
correspond aux conseils du diététicien.
Laquelle ?

Journée 1	Journée 2	Journée 3
yaourt, céréales, thé	croissant, café	café, pomme, pain et beurre
salade verte, fromage, gâteau	sandwich, bière, café	steak, haricots verts, fromage, fruit
viande froide, haricots verts, tarte	choucroute, fromage, gâteau au chocolat	salade de tomates, quiche lorraine, fromage, fruit

6 🎧 Les goûts de la famille de Florence.
Écoutez cet enregistrement puis remplissez
la grille. Répondez par oui ou non.

	Les enfants aiment	La mère aime
Produits laitiers		
Produits sucrés		
Café		
Légumes		
Poisson		
Plats en sauce		
Fruits		

Parler

7 À vous !
Dites quel est votre régime alimentaire.
Décrivez la composition de vos repas.

Au resto-U de Lorient :
être bio ou pas ?

SI CE N'EST PAS BIO, JE NE MANGE PAS !

Au menu ce midi-là : carottes, salade, haricots verts et pommes de terre. Nicolas, Jorgen, un étudiant allemand, et Marie partagent la même table. Ils sont tous les trois étudiants à l'université de Lorient et ils prennent tous leurs déjeuners au restaurant universitaire. Jorgen a choisi aujourd'hui un repas normal avec entrée, steak-purée et crème au café. Nicolas et Marie mangent bio. Arrivent Alicia et Mathilde : la première mange bio, l'autre pas.

Cette possibilité de prendre des repas biologiques était demandée depuis trois ou quatre ans par des étudiants de Lorient. La directrice du resto-U a accepté de tenter l'expérience avec l'aide d'un médecin nutritionniste. Depuis le 10 octobre, dix menus bio sont proposés en alternance sur deux semaines. 100 à 130 repas (sur un total de 1 800) sont ainsi servis chaque midi.

« *J'ai commencé la semaine dernière*, explique Nicolas, très enthousiaste. *Depuis, je mange bio tous les jours. C'est bon pour la santé et on retrouve le goût des aliments.* » Marie n'en est qu'à sa deuxième expérience : « *Ça change et c'est bon. Après mon premier repas, je me suis sentie bien l'après-midi… Pas lourde vers 3 heures !* » Jorgen les regarde sans envie particulière : « *Leurs assiettes sont appétissantes et je vais essayer moi aussi, mais le dessert me manquera !* »

Alicia, l'étudiante espagnole, est beaucoup plus catégorique : « *J'ai horreur des légumes. Il n'y a pas assez à manger dans le repas bio et puis, je préfère un dessert et même deux, plutôt qu'une entrée !* »

Mathilde n'est pas d'accord : « *Le bio, c'est sain, c'est bon et c'est naturel! Je fais attention à ce qu'il y a dans mon assiette. En plus, à la maison, on mange beaucoup de surgelés, parce que c'est facile… Alors, ça compense !* » Marie : « *La première fois, je me suis dit que j'allais avoir faim en rentrant chez moi. Eh bien pas du tout, c'est suffisant !* »

Le journaliste et le photographe ont eux aussi choisi le menu bio, comme ça, ils savent de quoi ils parlent ! « *C'est vrai que le dessert manque!* » « *Question d'habitude*, assure la directrice du resto-U. *D'ailleurs, on consomme plutôt les fruits et les yaourts en dehors des repas. Et puis, il y a un coût qu'on ne peut pas dépasser : je peux mettre 1 € par repas, bio ou pas. Or les produits biologiques sont plus chers. Alors, le dessert, on s'en passe !* »

« *Si c'est plus cher, c'est aussi plus long à préparer que la nourriture habituelle*, remarque la directrice, *d'ailleurs, si on n'arrive pas assez vite à servir 400 repas le midi, on ne pourra pas continuer. Ce serait dommage car le personnel s'est vraiment impliqué dans cette expérience.* » Les étudiants de Lorient savent à quoi s'en tenir. Dans leur restaurant, l'avenir du bio se lit dans leurs assiettes!

(D'après *Ouest-France*, 26/10/98.)

1 Lisez cet article puis répondez aux questions suivantes :

Compréhension globale

a) De quelle expérience parle-t-on dans cet article ?

b) Où a-t-elle lieu, depuis quand et pourquoi ?

c) Qui a décidé de faire cette expérience ?

d) D'après cet article, quelles sont les principales caractéristiques de l'alimentation biologique ?

e) Quels sont les deux aspects négatifs que l'on peut rencontrer dans la préparation d'un repas bio ?

f) De quoi les étudiants qui prennent des repas habituels pourraient-ils avoir peur en prenant un repas bio ?

g) Quel plat ne figure pas dans les repas bio de cette université ? Pour quelle raison ?

h) À quelle condition cette expérience deviendra-t-elle une habitude ?

Compréhension plus fine

i) Que signifient les phrases suivantes ?

1. Dix menus bio sont proposés en alternance sur deux semaines.
   - ❏ On peut manger bio un jour sur quinze.
   - ❏ Les repas bio sont servis pendant 15 jours seulement.
   - ❏ Il existe des menus différents servis chaque jour de la semaine.

2. Leurs assiettes sont appétissantes.
   - ❏ On a envie de manger ce qu'il y a dans leurs assiettes.
   - ❏ Leurs assiettes sont grandes.
   - ❏ Leurs assiettes ne donnent pas envie de manger.

3. Elle n'en est qu'à sa deuxième expérience.
   - ❏ Elle n'a pas encore pris son deuxième repas bio.
   - ❏ Elle refuse de manger bio.
   - ❏ Elle est en train de prendre son deuxième repas bio.

4. Alicia est beaucoup plus catégorique.
   - ❏ Elle a un avis définitif.
   - ❏ Elle ne sait pas très bien.
   - ❏ Elle a une alimentation par catégories d'aliments.

5. Le dessert, on s'en passe !
   - ❏ Passez-moi un dessert.
   - ❏ Il n'y a pas de dessert mais on n'en a pas besoin.
   - ❏ On n'a pas envie de dessert.

6. Ça compense !
   - ❏ Ça équilibre.
   - ❏ C'est une récompense.
   - ❏ C'est un problème.

7. Le personnel s'est vraiment impliqué dans cette expérience.
   - ❏ Le personnel ne s'intéresse pas à cette expérience.
   - ❏ Le personnel veut arrêter cette expérience.
   - ❏ Le personnel a fait le nécessaire pour réaliser ce projet.

8. Ils savent à quoi s'en tenir.
   - ❏ Ils connaissent les caractéristiques de ces repas bio.
   - ❏ Ils connaissent les conditions de cette expérience.
   - ❏ Ils savent ce qu'ils ont dans leur assiette.

9. L'avenir du bio se lit dans leurs assiettes.
   - ❏ Les étudiants lisent en mangeant.
   - ❏ On va continuer à servir ces repas dans tous les cas.
   - ❏ Le choix des étudiants va décider de l'avenir de ces repas.

Écrire

2 Êtes-vous pour ou contre l'alimentation bio ?

🎧 Nicolas Vasseur, dans son bureau, téléphone à une vendeuse d'un magasin de vêtements.

Nicolas – Bonjour madame.

La vendeuse – Bonjour monsieur.

Nicolas – Voilà, c'est moi qui vous ai acheté une veste en laine, hier matin.

La vendeuse – Oui, en effet, je me souviens très bien. Il y a un problème ?

Nicolas – Oui, je suis très ennuyé ; je cherchais bien une veste pour ma femme, mais celle que je lui ai achetée ne lui convient pas du tout. Je m'en rends compte maintenant. Je voudrais l'échanger contre un autre article. C'est possible ?

La vendeuse – Bien sûr ! Ne vous faites pas de souci pour ça. Nous avons l'habitude !

Nicolas – Vous comprenez, la veste que j'ai achetée est un peu sophistiquée ; ma femme est plutôt sportive et dynamique. Elle aime les matières naturelles, les vêtements simples...

La vendeuse – Revenez avec elle. Ce sera plus facile pour moi de vous conseiller.

Nicolas – Oui, mais voilà, je voudrais lui faire une surprise.

La vendeuse – Alors revenez seul, mais n'oubliez pas votre ticket de caisse. C'est indispensable ! Et puis, il vaudrait quand même mieux que vous ayez une idée un peu plus précise.

Nicolas – Mais, j'ai une idée ! Je pense qu'un blouson, c'est ce qui lui convient le mieux.

La vendeuse – Aucun problème. Nous en avons plusieurs modèles.

Nicolas – D'ailleurs, j'en ai vu un dans la vitrine, il me semble : un blouson en cuir marron, avec un col et des poignets en laine... C'est exactement celui-là qu'il lui faut, j'en suis sûr !

La vendeuse – Oui, je vois très bien le modèle dont vous parlez...

Nicolas – Très, très élégant, et sport en même temps.

La vendeuse – En effet. Il y a juste une petite complication...

Nicolas – Si c'est une question de prix...

La vendeuse – Non, non, pas du tout. Mais ce modèle-là, il est vendu dans le magasin d'à côté... ■

 **Entraînez-vous** •

1 « Celui que j'ai acheté... »

a) Observez :
– Vous aimez ce pantalon ?
– Oui, mais je préfère celui-là / celui-ci.
                 celui que vous portez.
                 celui de la vitrine.
                 le bleu.

POUR DÉSIGNER UN OBJET OU UNE PERSONNE

■ On emploie un pronom démonstratif pour montrer un objet ou une personne.

	singulier	pluriel
masculin	celui-ci / -là	ceux-ci /-là
féminin	celle-ci / -là	celles-ci / -là

(-ci pour ce qui est proche,
-là pour ce qui est plus éloigné)

Le démonstratif suivi d'une relative ou d'un complément de nom donne des précisions :
celui de Pierre, celle de Marie
ceux de Paris, celles de droite, celui de gauche

	singulier	pluriel
masculin	celui qui / que	ceux qui / que
féminin	celle qui / que	celles qui / que

■ **Remarque :**
Il existe une forme neutre, *ce qui / ce que :*
Ce qui lui convient, ce sont les vêtements sport.
Ce qu'elle porte, ce sont des vêtements sophistiqués.

On peut utiliser l'article avec un adjectif :
Le bleu La bleue Les bleus Les bleues
Le petit La petite Les petits Les petites
pour différencier un objet ou une personne surtout par la couleur ou la forme.

---

b) Imitez le dialogue a) en remplaçant pantalon **par** tailleur, veste, gants, chaussures, **et en changeant les couleurs** (rouge, jaune, blanc).

c) Complétez :
– Quelle actrice préférez-vous ?
– . . . joue le rôle d'Emma.

– Qui est le cousin de monsieur Dubois ?
– . . . a la moto rouge.

– Quels sont les numéros gagnants ?
– . . . nous avons joués !

– Quels sont vos aliments préférés ?
– . . . font grossir !

– Quelles chaussures préférez-vous ?
– . . . sont devant, dans la vitrine.

2 « Le modèle dont vous parlez... »

a) Observez :
– Tu m'as parlé de cette femme ?
– Oui, c'est une femme dont je t'ai parlé.

LE RELATIF « DONT »

■ On utilise **dont** quand le relatif est complément d'un verbe construit avec de :
C'est une femme qui habite à Paris.
                    que je connais bien.
                    dont je t'ai parlé. (parler de)

■ **Remarque :**
Dont peut représenter une personne ou une chose :
C'est un livre dont j'ai envie.
C'est une actrice dont on dit beaucoup de bien.

---

b) Répondez sur le même modèle :
– Vous vous souvenez de ce film ?
– Vous vous êtes occupé de ce voyage ?
– Ils ont besoin de ce ticket de caisse ?
– Tu es sûr de ce numéro de téléphone ?

3 Pour confirmer.

a) Observez :
– Vous avez acheté deux pulls, il me semble !

– En effet / Absolument, j'en ai acheté deux.
– C'est exact / Tout à fait, j'en ai acheté deux.
– C'est tout à fait ça, j'en ai acheté deux.

> **Attention !**
> Au passé composé, *en* se place
> entre le sujet et le verbe « avoir ».
> Le participe passé
> ne s'accorde pas avec *en*.

b) Répondez sur le même modèle, en confirmant :
– Vous avez plusieurs modèles, il me semble !
– Il y a beaucoup d'idées, je trouve.
– Votre amie a choisi trois sacs en cuir, je m'en souviens.
– Vous avez pris une robe noire, je crois.
– Vous avez vu deux blousons, je crois.
– Vous avez acheté une veste la semaine dernière, je m'en souviens.

Découvrez votre personnalité !

Dans beaucoup d'entreprises françaises, les employés doivent porter des vêtements stricts ; c'est une règle, sauf dans certains milieux plus artistiques où la fantaisie est acceptée. Cependant depuis quelques années, le costume traditionnel masculin commence à connaître l'influence de la mode ou plutôt des courants de mode choisis en fonction de la personnalité. Monsieur peut être naturel, actuel ou classique, c'est d'abord par la cravate qu'il montre une certaine originalité : avec des fleurs, des Tintin, ou des Mickey, toutes les fantaisies sont permises. Selon votre personnalité, que portez-vous, monsieur, avec votre cravate ?

VOUS ÊTES UN HOMME ACTUEL...

Vous vivez avec votre temps ; actif, dynamique, vous n'aimez pas passer inaperçu.
Vous portez un costume gris, un peu large, à rayures.
Sur une chemise bleue, vous choisissez une cravate colorée.

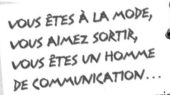

VOUS ÊTES À LA MODE, VOUS AIMEZ SORTIR, VOUS ÊTES UN HOMME DE COMMUNICATION...

Vous choisissez un costume gris foncé ou noir que vous porterez avec un pull ou une chemise. La cravate, si vous en mettez une, est à motifs.

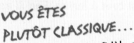

VOUS ÊTES PLUTÔT CLASSIQUE...

Vous êtes discret et fidèle aux valeurs traditionnelles de la famille, de l'élégance et du passé. Pour vous, tout ce qui est à la mode se démode. Sous un grand imperméable — ceux de chez Burberry's sont parfaits — vous mettez un costume gris foncé ou bleu marine que vous portez avec une chemise blanche ou bleu ciel. La cravate est à motifs discrets.

VOUS PRÉFÉREZ LE STYLE NATUREL, VOUS RECHERCHEZ LE CALME, VOUS ÊTES UN AMOUREUX DE LA NATURE...

Pour travailler, vous portez un imperméable vert – ceux de chez Barbour sont parfaits pour vous – sur une veste à carreaux bleue ou verte. Vous choisissez des pantalons gris et des chemises claires ou à fleurs.

Entraînez-vous •

1 Les styles.

Regardez les dessins, page 48, et mettez-les en relation avec les textes.

Vocabulaire

2 La mode.

Retrouvez les noms correspondants.

Coloré : . . .   Élégant : . . .
Original : . . .   Artistique : . . .
Traditionnel : . . .   Naturel : . . .

3 La personnalité.

Complétez ces phrases par les mots suivants : discret, naturel, fidèle, dynamique, parfait, actif, amoureux. **Faites les accords nécessaires.**

– C'est une femme . . . et . . . : elle a toujours quelque chose à faire.
– Nos voisins sont des gens . . . : on ne les entend pas !
– Paul est un . . . de la nature ; il passe son temps à regarder le jardin par la fenêtre de sa chambre.
– Nous nous connaissons depuis vingt ans. Nous sommes vraiment des amis . . . .
– Elle a trouvé un mari . . . , elle ne pouvait pas espérer mieux : il fait le ménage,
  il s'occupe de la cuisine et il pense même à lui faire des cadeaux !
– La nouvelle employée est très . . . : elle porte toujours des vêtements simples et je la trouve
  très agréable !

Grammaire

4 La cause.

LA CAUSE (1)
■ Pour exprimer la cause, on peut employer :   –**à cause de** + un nom   –**parce que** + une phrase   –les verbes **provoquer, causer** + un nom.   *Ils ont eu un accident à cause de la pluie.*   *Ils ont eu un accident parce qu'il pleuvait.*   *La pluie a causé / provoqué un accident.*

Faites des phrases pour exprimer la cause
et variez les formules :
– La neige / les voitures sont arrêtées.
– Le cinéma est fermé / un incendie.
– Il n'a pas acheté cette cravate / elle était
trop classique.
– Les voisins ont eu très peur / un inconnu
bizarre rôdait dans le quartier.
– Nous avons dû acheter des vêtements élégants /
Nicolas se marie.

5 Le relatif « dont ».

Transformez ces phrases et employez dont.
Exemple : **J'ai déjà vu la photo de cet homme.** ➔ *C'est un homme dont j'ai déjà vu la photo.*

– Elle a suivi les conseils de cette vendeuse. ➔ . . .
– Il n'avait pas besoin de ce costume. ➔ . . .
– Claire a très envie de cette robe depuis longtemps. ➔ . . .
– Marion s'occupe de ces magasins de mode. ➔ . . .
– Je n'aime pas du tout le motif de cette robe. ➔ . . .
– J'ai lu tous les romans de cet auteur. ➔ . . .
– Elle a les derniers C.D. de ces chanteurs. ➔ . . .

6 **Les pronoms démonstratifs.**

a) Complétez ces phrases par celui, celle, ceux **ou** celles :

– Tu veux bien m'acheter des fleurs ; . . . du salon sont vieilles.

– Donne-moi un imperméable, s'il te plaît ; . . . que j'ai ne va pas avec ma robe.

– Il faut que tu changes de chaussures, . . . que tu portes sont trop vieilles !

– Prends mes pulls ; . . . -ci sont très chauds pour la montagne.

– Ce costume ne convient pas pour un mariage ; mets . . . -là.

– Je voudrais voir un pantalon. Combien fait . . . qui est dans la vitrine ?

b) Complétez ces phrases par celui qui, celui que, celui dont, celui où, celle(s) qui, celle(s) que, ceux que, celle(s), où, ce dont.

– Regardez les femmes dans la rue : . . . marchent vite ont plutôt une personnalité dynamique.

– J'aime beaucoup le tailleur bleu de la vitrine mais je préfère . . . porte la vendeuse.

– Vous connaissez ce grand magasin, . . . on peut prendre un verre sur la terrasse ?

– Pourquoi ne mettez-vous pas vos chaussures noires, . . . ont des talons ?

– Je n'aime pas beaucoup les film américains mais . . . je vous parle est vraiment très intéressant.

– Ils ont besoin de beaucoup de choses mais . . . ils ont vraiment envie, c'est de calme.

– Elle a beaucoup d'amis étrangers ; . . . elle va nous présenter ce soir sont italiens.

– Je n'aime pas ces rues : je préfère . . . il y a beaucoup de magasins de mode.

– . . . il ne veut pas comprendre, c'est qu'elle est très discrète et qu'elle ne parle pas beaucoup.

– Prenez cette cravate, . . . vous avez ne va pas avec votre chemise.

– Elle ne prend pas souvent son sac marron, . . . les enfants lui ont offert pour Noël !

– J'aime bien regarder les vitrines, surtout . . . les articles sont bien présentés.

Écrire

7 **Décrire une tenue.**

Décrivez ces femmes et commentez leur tenue. En regardant leurs vêtements, écrivez quelques mots sur leur personnalité.

❶

❷

❸

Écouter et parler

Exprimer une inquiétude. Rassurer.

1 🎧 **Écoutez et imitez :**

Exprimer une inquiétude
– Je suis ennuyée, ce pull ne me va pas.
– J'ai un problème, ma voiture est en panne !
– Je suis inquiet, ma fille n'est pas encore rentrée.
– Je me demande pourquoi il ne téléphone pas.
– Ils ont peut-être oublié notre rendez-vous.
– Je ne comprends pas pourquoi mon portable
ne marche pas.
– Je crois que j'ai cassé mon bracelet.

Rassurer
– Aucun problème, vous pouvez le changer.
– Ne vous inquiétez pas, je connais un bon
garagiste.
– Ne t'en fais pas, elle va arriver. J'en suis sûr !
– Ce n'est rien, je vais m'en occuper.
– Mais non, voyons, ils vont venir.
– Ce n'est sûrement pas grand-chose. J'ai
l'habitude !
– Laisse-moi regarder… ce n'est rien du tout.

2 🎧 **Écoutez puis mettez une croix dans
la bonne case :**

	1	2	3	4	5	6	7	8
EXPRIMER UNE INQUIÉTUDE								
RASSURER								

Écouter

3 🎧 Choisir un vêtement.
**Écoutez cet enregistrement puis répondez
aux questions suivantes :**
a) Quel vêtement regarde-t-elle ?
b) Quel conseil lui donne son amie ?
c) Quelle est l'inquiétude de la cliente ?
d) La cliente est-elle très jeune ?
e) Quels sont les arguments de son amie ?
f) Quelle décision prend la cliente ?

4 🎧 Quel genre de vêtements aimez-vous
pour les hommes ?
**Écoutez cet enregistrement puis remplissez
la grille et répondez aux questions :**
a)

Elle aime	. . .
Elle n'aime pas	. . .
Tenue de travail	. . .
Tenue de week-end	. . .

b) Quelles couleurs porte-t-il ?
c) Quels sont les goûts de son mari ?

5 🎧 Suivre ou ne pas suivre la mode.
**Écoutez ces deux témoignages puis
répondez aux questions :**
a) Amélie aime-t-elle la mode ?
b) Quelle raison donne-t-elle à son choix ?
c) S'intéresse-t-elle à la mode ?
Si oui, que fait-elle pour la suivre ?
d) Pourquoi va-t-elle dans les grands magasins ?
e) Achète-t-elle beaucoup de vêtements ?
Pourquoi ?
f) Catherine suit-elle la mode ? Donnez les deux
raisons de son choix.
g) Que pense-t-elle de la mode de cet hiver ?
h) Quelle principale critique fait-elle à la mode en
général ?
i) Comment choisit-elle ses vêtements, son style ?

Parler

6 À vous !
a) Quel style de vêtements aimez-vous porter ?
Donnez vos raisons.
b) Votre humeur a-t-elle une influence
sur le choix de vos vêtements ?

Lire

Qui fait la mode ?

Une fracture s'est creusée entre haute couture et prêt-à-porter. Pendant que les grands couturiers répugnent à la diffusion de masse, le prêt-à-porter, le *sportswear*, l'unisexualisation du vêtement sont en plein boum. Mais ce sont réellement les jeunes et la musique pop qui provoquent une crise profonde et irréversible de la mode. Celle-ci va désormais échapper à tout contrôle traditionnel. Le « *Power Flower* » s'invente dans la rue, émanation de cette nouvelle nation internationale adolescente née avec le rock. Le blue-jean et le tee-shirt triomphent par-delà les clivages de tous ordres : sexe, classe sociale, génération. Le conformisme est mort, vive le conformisme !

Il n'existe plus une mode, mais des modes, orchestrées par des agences de conseil en style, dont les plus influentes sont internationales. Alors que le grand couturier se voulait un artiste influencé par son imaginaire, le prêt-à-porter se cherche dans la vie de tous les jours, dans le concret : la rue, le lycée, les puces, les boutiques avant-gardistes, la pub, la musique... On cherche la mode dans la mode, l'avenir dans le présent. Ce qui explique les phénomènes cycliques, inaugurés par le *new-look* de Dior (la jupe se rallonge pour la première fois). Le *sportswear*, venu des États-Unis, incarne par excellence cette permanence sous l'évolution.

Arrivé en France dans les années 1970 avec le jogging, il a influencé tous les secteurs vestimentaires sans exception et continue de se décliner à l'infini. Après le style décontracté (polo, pantalon de velours ou de coton, pull), on voit apparaître l'*active sportswear* : l'utilisation d'articles de sport dans la vie quotidienne. Les baskets en toile (Converse), puis en cuir (Reebok, Nike, Adidas) se mettent à chausser tout adolescent qui se respecte (certains adolescents qui ont grandi les portent toujours). Les plus branchés optent bientôt pour le « *total look* » : survêtement et baskets, sans oublier la casquette à logo ou le bonnet. Issu de la culture basket-ball / rap des jeunes Noirs américains, médiatisé par les stars de la NBA (championnat américain) par petit écran interposé, le look cool-sportif-rebelle a encore de beaux jours devant lui.

(Réponse à tout ! août 98)

1 **Lisez cet article et répondez aux questions :**

Compréhension globale

a) Quelles sont les grandes sources d'inspiration ?

b) Quelle nouveauté est apparue dans les années 1970 en France ?

c) Quel est le grand changement survenu dans la mode après le *Power Flower* ?

d) Par quel moyen médiatique les modes circulent-elles aujourd'hui ?

e) Remettez dans l'ordre chronologique ces différents mouvements de mode :

   … apparition de vêtements de sport dans la vie de tous les jours.

   … le jean et le tee-shirt.

   … les pantalons de velours et les pulls.

   … les baskets et le bonnet.

f) Citez deux grandes différences entre la haute couture et le prêt-à-porter.

Compréhension fine

g) Associez les expressions de sens voisin :

répugner à	● représenter
être en plein boum	● grâce à la télévision
incarner	● diriger
se décliner à l'infini	● choisir
opter pour	● refuser de
par petit écran interposé	● avoir un bel avenir
avoir de beaux jours devant soi	● connaître une belle progression
orchestrer	● apparaître sous des formes multiples

h) Que signifient les expressions suivantes ?

1. Une fracture s'est creusée.
   - ❏ La différence a disparu entre…
   - ❏ Il y a une plus grande différence entre…
   - ❏ Quelque chose s'est cassé dans…

2. Les grands couturiers répugnent à la diffusion de masse.
   - ❏ Les grands couturiers recherchent le grand public.
   - ❏ Ils veulent vendre leurs créations à un petit nombre.
   - ❏ Ils n'aiment pas leurs clients.

3. Émanation de cette nouvelle nation internationale.
   - ❏ Elle produit cette nouvelle nation internationale.
   - ❏ Elle évoque cette nouvelle nation internationale.
   - ❏ Elle est créée par cette nouvelle nation internationale.

4. Ils triomphent par-delà les clivages de tous ordres.
   - ❏ Ils respectent toutes les tendances.
   - ❏ Ils dépassent toutes les différences.
   - ❏ Leur rôle est inférieur à celui des tendances.

5. Il incarne par excellence cette permanence sous l'évolution.
   - ❏ C'est un bon exemple d'un produit qui ne change pas du tout.
   - ❏ Voilà l'exemple d'un produit ancien que l'on a remplacé par un nouveau.
   - ❏ Certains produits ne changent que par de petits détails.

6. Tout adolescent qui se respecte.
   - ❏ Un adolescent qui veut être reconnu comme tel.
   - ❏ Un adolescent qui respecte la mode.
   - ❏ Un jeune qui voudrait se vieillir.

Écrire

2 **Faut-il suivre la mode ? Donnez vos raisons.**

Unité 6

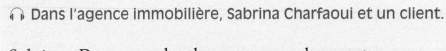

🎧 Dans l'agence immobilière, Sabrina Charfaoui et un client.

Sabrina – Donc, vous cherchez un nouveau logement.

Le client – C'est ça. Le nôtre est trop petit
et on me dit qu'actuellement, il vaut mieux acheter.
J'aimerais d'abord savoir si c'est vrai.

Sabrina – C'est vrai.
Les prix ont baissé.
C'est le moment d'investir
mais il faudrait que je sache
de quelle somme vous disposez.

Le client – Je n'ai pas encore
fait mes calculs. Pour le moment,
je voudrais surtout me renseigner.

Sabrina – Mais vous cherchez en ville,
à la campagne ? Dites-moi ce qui vous conviendrait.

Le client – En ville. Ma femme ne supporte pas la campagne.

Sabrina – Donc, ce que vous cherchez, c'est plutôt un appartement.

Le client – Oui, mais avec de l'espace. Et surtout pas de voisins.
Avec les voisins, il y a toujours des conflits.

Sabrina – Pas de voisins, en ville, vous savez, c'est plutôt rare !

Le client – En tout cas, pas d'immeuble en face. Il me faut une belle vue.
C'est reposant. Après mon travail, j'ai besoin de respirer.

Sabrina – Donc, un immeuble un peu loin du centre.

Le client – Non, non. Dans le centre. Nous avons deux voitures mais ma femme
n'aime pas prendre la sienne pour faire les magasins.

Sabrina – Ah !

Le client – Mais enfin, pas trop bruyant. Pas trop de commerces, pas trop de monde.
Le bruit m'épuise. Et puis surtout, pas trop de voitures : les pots d'échappement,
la pollution, la poussière je trouve ça insupportable ! Ça me rend fou !

Sabrina – Écoutez, monsieur, je crois que j'ai exactement ce qu'il vous faut.
C'est un couple qui part s'installer dans le Sud. Ils vendent tout ce qu'ils ont :
un petit appartement en ville et une maison à 100 kilomètres de Rennes.
Vous achetez les deux ; l'appartement pour votre femme et la maison pour vous !
Croyez-moi, monsieur, dans votre cas, ça me paraît la meilleure solution... ■

Entraînez-vous

1 « J'aimerais savoir si c'est vrai... »

a) Observez :
– Est-ce que vous avez l'heure ?
– Monsieur, on vous demande si vous avez l'heure.
– Quelle heure est-il ?
– On vous demande quelle heure il est.

b) Transformez ces interrogations directes en interrogations indirectes. Utilisez le verbe proposé :
– De combien disposez-vous ?
(On vous demande…)
– Dans quel quartier cherchez-vous ?
(Nous ne savons pas…)
– Quand voulez-vous l'occuper ?
(Je vous demande…)

c) Reformulez les demandes suivantes en utilisant : Pouvez-vous me dire…,
Je me demande…, Je ne sais pas…, Dites-moi… :

– Qu'est-ce qui vous conviendrait ?
– Qu'est-ce que vous voulez ?
– Qu'est-ce qui vous ferait plaisir ?
– Qu'est-ce qu'il vous faut comme surface ?
– De quoi me parlez-vous ?

L'INTERROGATION INDIRECTE
On la trouve après les verbes *demander, ne pas savoir…* ■ La phrase interrogative introduite par **est-ce que ?** est remplacée par une phrase introduite par **si**. – *Vous cherchez dans le centre ?* – *Est-ce que vous cherchez dans le centre ?* ➜ *Je vous demande si vous cherchez dans le centre.* ■ Le point d'interrogation est supprimé. ■ Il n'y a pas d'inversion du sujet. ■ **Qu'est-ce qui/Qu'est-ce que** devient **ce qui, ce que**. – *Qu'est-ce que vous cherchez ?* ➜ *Je vous demande ce que vous cherchez.* – *Qu'est-ce qui vous intéresse ?* ➜ *Je voudrais savoir ce qui vous intéresse.* ■ Les autres mots interrogatifs restent les mêmes.

2 « Le nôtre est trop petit. »

a) 🎧 Écoutez, observez et répétez :
– Vous voulez changer de maison ?
– Oui, la nôtre est trop petite.

b) Imitez en remplaçant maison **par** appartement, voiture, bureaux, magasin, **puis en remplaçant** vous **par** tu, il **et** elles.

c) Jeu de rôle. Deux ami(e)s parlent de leur logement. L'un(e) habite une petite maison en banlieue, l'autre un grand appartement dans le centre-ville. Ils / Elles se posent des questions sur le prix du loyer, le nombre et la taille des pièces. Imaginez le dialogue et employez des pronoms possessifs dans leurs réponses.

Attention !
– *Cette voiture est au client ?*
– *Oui, c'est la sienne.*
– *Ces voitures sont à ces clients ?*
– *Oui, ce sont les leurs.*
– *Cette voiture est à ces clients ?*
– *Oui, c'est la leur.*

LES PRONOMS POSSESSIFS

SINGULIER	1re personne	2e personne	3e personne
Masculin	le mien	le tien	le sien
Féminin	la mienne	la tienne	la sienne
Masculin pluriel Féminin pluriel	les miens les miennes	les tiens les tiennes	les siens les siennes

PLURIEL	1re personne	2e personne	3e personne
Masculin	le nôtre	le vôtre	le leur
Féminin	la nôtre	la vôtre	la leur
Pluriel	les nôtres	les vôtres	les leurs

DE PARTICULIER À PARTICULIER

COURRIER DES LECTEURS

Alice Manet
15, rue de Sainte-Anne
33000 Bordeaux

Bordeaux, le 15 mars 1999

Monsieur,

Je souhaite acheter un appartement et je dois demander un prêt. Mes parents me conseillent de prendre une assurance chômage. Je n'ai actuellement aucune raison de perdre mon emploi. Je suis appréciée par mon patron et l'entreprise où je travaille marche bien.

Je voudrais cependant qu'on me dise si j'ai intérêt à prendre cette assurance, quelles sont les conditions à remplir et quelles sont les garanties réelles.

Je voudrais aussi savoir combien cela coûte.

Je vous remercie à l'avance de bien vouloir répondre à mes questions et je vous prie d'agréer, Monsieur, l'expression de ma considération.

Alice Manet

GÉNÉRALE ASSURANCES
54, rue des Augustins
33000 Bordeaux

Bordeaux, le 22 mars 1999.

Mademoiselle,

En réponse à votre courrier du 15 mars 1999, je ne peux que vous conseiller de prendre une assurance perte d'emploi. En effet, même si actuellement votre situation professionnelle est stable, vous n'êtes malheureusement pas à l'abri du chômage. Pour bénéficier de l'assurance perte d'emploi, deux conditions sont nécessaires : vous devez travailler dans la même entreprise depuis au moins neuf mois et vous ne devez pas dépasser l'âge de 55 ans. Voici comment fonctionne cette assurance : en cas de perte d'emploi, l'assurance paie vos remboursements d'emprunt ~~après~~ *jusqu'à* une année. Au-delà de cette période, notre organisme rembourse 75 % de vos mensualités, jusqu'à ce que vous retrouviez un emploi.

Le coût de notre assurance s'élève à 4 % du montant de chaque mensualité de votre remboursement.

Je pense avoir répondu à vos questions et je vous invite à venir me rencontrer dans nos bureaux.

Je vous prie d'agréer, Mademoiselle, l'expression de mes sentiments dévoués.

Monsieur Durand
Conseiller clientèle

Entraînez-vous •

1 Lisez ces deux courriers. Quelles questions la lectrice pose-t-elle ? (Posez ses questions au style direct.) Quelles sont les réponses données par la société d'assurances ?

Vocabulaire

2 La lettre officielle.

> **Formules finales**
>
> **Après avoir demandé un service :**
> Je vous remercie à l'avance et...
> Je vous remercie de prendre ma demande en considération et...
>
> **Pour conclure :**
> Je vous prie d'agréer, Monsieur / Madame, l'expression de ma considération.
> Veuillez agréer, Monsieur / Madame, mes salutations distinguées.
> Je vous prie de recevoir, Monsieur / Madame, l'assurance de ma considération distinguée.
> Je vous prie de recevoir, Monsieur / Madame, l'assurance de mes sentiments les meilleurs.

Complétez ces formules de politesse par des éléments différents :

● Je vous . . . de prendre ma demande en . . . et vous prie . . . , Madame, l' . . . de mes sentiments . . . .
● Veuillez . . . , Monsieur, mes . . . distinguées.
● Je vous . . . à l'avance et vous . . . d'agréer, . . . , l' . . . considération.

3 L'investissement.

Remplacez les mots en italique par des expressions de sens proche :

– Depuis un an, les prix de l'immobilier *sont moins importants*.
– Pour acheter une maison, vous pouvez demander *de l'argent* à votre banque.
– Si vous *mettez votre argent* dans l'achat d'un appartement, c'est une bonne solution pour vous.
– Si vous *rendez* l'argent de votre emprunt sur plusieurs *mois*, c'est plus facile pour votre budget.
– Pour acheter une voiture, il est possible de faire *une demande d'argent* auprès de votre banque.

Grammaire

4 L'interrogation indirecte.

a) Reformulez ces interrogations en les introduisant par Je voudrais savoir :
Exemple : **Combien me prêtez-vous ?**
➜ *Je voudrais savoir combien vous me prêtez.*

– Que me conseillez-vous ?
– Actuellement, vaut-il mieux acheter ou louer ?
– Quels sont les prix des appartements ?
– Est-ce le bon moment pour investir dans l'immobilier ?

– Peut-on avoir facilement un prêt bancaire ?
– Où peut-on obtenir les meilleurs prêts ?
– Qu'est-ce que les banques proposent comme conditions ?
– Quand doit-on commencer à payer les premières mensualités ?

b) Transformez ces phrases sur le modèle donné.
Exemple : **Qu'est-ce que vous voulez faire ?**
(vous / me dire)
➜ *Il faut que vous me disiez ce que vous voulez faire.*

– Qu'est-ce qui vous conviendrait le mieux ? (je / savoir)
– Qu'est-ce que vous pourriez nous proposer ? (nous / savoir)
– De quoi avez-vous besoin ? (vous / me dire)
– Que préféreriez-vous ? (vous / vous demander)
– De combien disposez-vous ? (nous / savoir)
– Qui pourrait nous prêter de l'argent ? (vous /nous expliquer)
– Que vous manque-t-il pour prendre une décision ? (je / savoir)

5 Les complétives.

a) Complétez ces phrases. Cochez la ou les proposition(s) correcte(s) :

1. Je voudrais que...
   - ❏ vous me donniez un conseil.
   - ❏ la banque me donne un prêt.
   - ❏ vous achetez un appartement plus grand.

2. Ils pensent que...
   - ❏ nous ayons une assurance.
   - ❏ ces garanties sont importantes.
   - ❏ vous fassiez une erreur.

3. Il faudrait que...
   - ❏ tu ailles à la banque.
   - ❏ les enfants font un emprunt.
   - ❏ vous demandez des garanties.

4. Il nous dit que...
   - ❏ vous alliez faire un investissement.
   - ❏ nous devons remplir certaines conditions.
   - ❏ (qu')il prenne une assurance.

5. Il est important que...
   - ❏ vous remplissiez cette demande.
   - ❏ tu sais ce que tu recherches.
   - ❏ je prends rendez-vous avec l'agent immobilier.

6. Il ne sait pas ce que...
   - ❏ nous fassions.
   - ❏ nous pourrons payez comme loyer.
   - ❏ nous devrions prendre comme emprunt.

7. Elles voudraient que...
   - ❏ vous arrivez pour le déjeuner.
   - ❏ vous preniez le conseil d'un banquier.
   - ❏ tu prendras un emprunt.

8. Il croit que...
   - ❏ ces remboursements soient trop importants.
   - ❏ cet appartement lui conviendra parfaitement.
   - ❏ je ne remplisse pas toutes les conditions.

b) Parmi les phrases précédentes, quelles sont celles qui pourraient être introduites par Je voudrais savoir si... ?

Exemple (pour le 1) :
➜ *Je voudrais savoir si la banque me donne un prêt.*
➜ *Je voudrais savoir si vous achetez un appartement plus grand.*

Écrire

6 Demander conseil.

Vous avez demandé à votre banque un prêt de 30 400 € pour acheter un studio.
Votre banque vous envoie ce document :

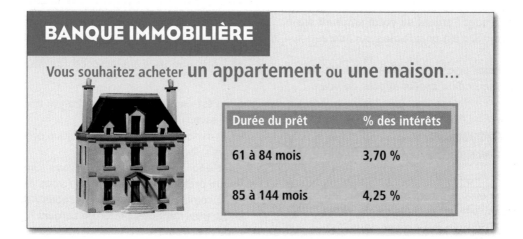

BANQUE IMMOBILIÈRE

Vous souhaitez acheter **un appartement** ou **une maison**...

Durée du prêt	% des intérêts
61 à 84 mois	3,70 %
85 à 144 mois	4,25 %

Vous ne savez pas s'il vaut mieux emprunter sur 7 ans ou sur 10 ans. Écrivez à vos parents pour leur demander conseil et expliquez-leur le fonctionnement de ces prêts.

Écouter et parler

Se plaindre. Mettre en confiance.

1 🎧 **Se plaindre. Écoutez et imitez :**

– Je ne suis vraiment pas satisfaite de mon assurance.
– Ça ne se passera pas comme ça. Je vais me plaindre.
– C'est incroyable, je vais porter plainte contre vous.
– Ça ne va pas du tout ! Je suis très mécontent de ce travail.
– Je suis très déçu par ce qui se passe.
– Je ne suis pas du tout d'accord avec ce contrat.
– Ce n'est absolument pas ce que j'attendais. Je ne suis pas satisfait par le résultat.

Écouter

4 🎧 **Où aimeriez-vous vivre ?**
Écoutez cet enregistrement.
À quelle fiche de renseignements correspond l'enregistrement que vous avez entendu ?

2 🎧 **Mettre en confiance. Écoutez et imitez :**

– Allez, dites-moi ce qui ne va pas.
– Je sens que vous avez un problème ; racontez-moi tout.
– Croyez-moi, suivez ce conseil !
– Vous pouvez me faire confiance.
– Vous savez, je suis passé par les mêmes moments, alors !
– Je suis certaine de pouvoir vous aider.
– Oh, ça n'a pas l'air d'aller ! Qu'est-ce qui vous arrive ?
– Vous savez, ça fait du bien de parler !
– Allez-y, n'ayez pas peur !

3 🎧 **Écoutez et mettez une croix dans la case correspondante :**

	1	2	3	4	5	6	7	8
PLAINTE								
INCITATION								

Fiche 1

- divorcé, un enfant
- 47 ans
- habite à la campagne dans une ferme
- employé agricole
- grands-parents pêcheurs
- voudrait acheter un deux pièces en ville

Fiche 2

- célibataire, sans enfant
- 37 ans
- habite à Lille dans un appartement
- employé de banque
- grands-parents agriculteurs
- voudrait vivre à la campagne avec sa famille

Fiche 3

- marié, un enfant
- 35 ans
- habite à côté de Lyon dans une maison
- directeur de banque
- grand-père cycliste
- voudrait louer une maison pour le week-end

5 🎧 **Propriétaire ou locataire ? Écoutez cet enregistrement puis complétez cette grille :**

	L'homme	La femme
Profession	. . .	. . .
Situation familiale	. . .	. . .
Revenus	. . .	. . .
Propriétaire	. . .	. . .
Locataire	. . .	. . .
Pour quelle raison ?	. . .	. . .
Projets immobiliers	. . .	. . .

Parler

6 **À vous !**
Et vous, préférez-vous être locataire ou propriétaire de votre lieu d'habitation ? Donnez vos raisons.

Construire sa maison

Personne ne connaît sa maison mieux que Pierre et Nathalie la leur. Pourtant, ils n'y ont jamais dormi, elle n'est pas finie. Mais ils en apprécient toutes les finesses : ils l'ont construite de leurs mains, comme les enfants se font une cabane, un jour d'été à la campagne. C'est une demeure fantastique en bois, sur une île.

Pierre et Nathalie n'avaient jamais vraiment pensé à une maison, jusqu'en août 1990. Venus camper en Bretagne pour le sable et le bon air, ils voient un jour un *mobile home* posé sur un champ avec une pancarte « à vendre ». « Ce n'était pas cher du tout », raconte Nathalie.

Elle est danseuse, lui décorateur de théâtre : souvent au chômage, ni l'un ni l'autre n'ont d'argent, à 48 ans. Ils n'auront pas d'enfants ensemble. Mais sa fille à elle est déjà mère. Ils sont libres.

Ils ont un peu de temps.

Le terrain est constructible.

L'idée naît : « Et si on construisait une maison ? » « Il y avait du romantisme dans ce pari : se fabriquer un toit, sourit Nathalie. Mais nous étions irresponsables. » Cinq ans plus tard, avec ses mots économes, Pierre explique que très vite la maison est devenue une fin en soi. « On n'a pas pensé construire pour nos vieux jours ou quoi que ce soit dans ce goût-là », précise Nathalie.

« La maison était une énigme à résoudre, raconte Pierre. C'était excitant ! » Au début, ils découvrent l'île, mesurent les habitations locales, achètent des livres. « C'est quoi, une maison ? » se demandent-ils. Parfois, Pierre éprouve de gros doutes, dans l'atelier où il prépare sa construction en kit. « Je me disais que je n'y arriverais jamais. Puis je me suis aperçu que rien ne m'arrêterait. » Quand il dresse les premières pièces de bois, en mars dernier, et que ses plans semblent surgir dans l'espace, Pierre retient sa respiration. « J'ai attendu une grosse tempête pour être sûr que la maison n'allait pas s'envoler un jour. » Bien sûr, ils aiment la chaleur du bois. Bien sûr, ils sont contents de pouvoir bientôt commencer à peindre l'intérieur aux couleurs des bateaux de pêche. Ils sont heureux d'avoir préféré de grands espaces collectifs aux chambres exiguës. Ils auront plein d'amis, une véranda au nord pour attraper le soleil, et la lumière sera partout invitée.

(D'après « Une chaumière sur mesure », Jacqueline Rémy, *L'Express*, 4/1/96.)

1 **Lisez cet article puis répondez aux questions suivantes :**

Compréhension globale

a) Pierre et Nathalie ont :

☐ acheté une vieille maison   ☐ construit leur maison   ☐ fait construire une maison.

b) Pourquoi ont-ils pris cette décision ? (Donnez deux raisons.)

c) Quand ont-ils pris cette décision ?

d) Où est leur maison ?

e) Leur maison est-elle finie au moment où l'article est écrit ?

f) En quoi est-elle ?

g) Quels travaux commencent-ils au moment de cet article ?

h) Cette maison est-elle faite pour y habiter quand ils seront vieux ?

i) Vont-ils vivre seuls dans cette maison ?

j) Comment est leur maison ? Pourquoi y a-t-il un grand salon ?

k) Est-ce une expérience nouvelle pour eux ?

l) Sont-ils sûrs d'eux ? Pourquoi ?

Compréhension fine

m) Associez les expressions de sens proche :

être au chômage ●   ● ne pas être raisonnable

être constructible ●   ● être très petit

être irresponsable ●   ● avoir l'autorisation de faire une maison

être exigu   ●   ● être sans emploi

n) Que signifient ces expressions ?

1. Ils en apprécient toutes les finesses.

  ☐ Ils connaissent la fragilité de leur maison.

  ☐ Ils aiment tous ses détails.

  ☐ Ils aiment et ils connaissent tous les coins de leur maison.

2. Se faire une cabane.

  ☐ Se faire une petite maison.

  ☐ Acheter une tente de camping.

  ☐ Déménager.

3. C'est une demeure fantastique.

  ☐ Une adresse dans un très bel endroit.

  ☐ Une habitation exceptionnelle.

  ☐ Une petite maison très spéciale.

4. Ni l'un ni l'autre n'ont d'argent.

  ☐ Ils sont riches tous les deux.

  ☐ Il a de l'argent mais pas elle.

  ☐ Tous les deux sont sans argent.

5. Se fabriquer un toit.

  ☐ Ouvrir un parapluie.

  ☐ Construire sa maison.

  ☐ Réparer le toit de sa maison.

6. C'est une énigme à résoudre.

  ☐ C'est un problème à surmonter.

  ☐ C'est un roman policier à lire.

  ☐ C'est un travail à préparer.

7. Éprouver de gros doutes.

  ☐ Trouver des questions.

  ☐ Ne pas être très sûr de soi.

  ☐ Demander conseil.

Écrire

2 **Où préférez-vous vivre, en ville ou à la campagne ?**

VOUS CONNAISSEZ...

1 Le conditionnel

Mettez le verbe entre parenthèses au conditionnel :

1• Je (*vouloir*) connaître les résultats des courses.
2• Vous (*pouvoir*) me donner un steak plus cuit ?
3• Ta fille (*vouloir*) manger quelque chose ?
4• Ce soir, on (*pouvoir*) aller au restaurant !
5• Nous n'(*aimer*) pas du tout habiter à la campagne !
6• Vous (*vouloir*) venir dîner demain soir ?
7• Nos enfants (*pouvoir*) jouer ensemble !
8• Tu n'(*aimer*) pas un appartement plus clair ?
9• On (*vouloir*) avoir les conseils d'un diététicien.

2 Le subjonctif

Réécrivez ces consignes en les introduisant par il faudrait que tu, elle, vous…, ou il vaudrait mieux que tu, elle, vous…

POUR L'ALIMENTATION

1• suivre un régime
2• ne pas sauter de repas
3• manger des céréales
4• prendre son temps pendant les repas
5• éviter les féculents

POUR LES VÊTEMENTS

6• changer de vêtements
7• s'habiller plus jeune
8• aller dans de bons magasins
9• acheter des vêtements de qualité
10• choisir des couleurs claires

POUR LE LOGEMENT

11• savoir ce qu'on veut
12• être d'accord avec le reste de la famille
13• disposer d'une somme importante
14• prendre une assurance
15• connaître l'endroit où on veut habiter
16• investir dans un quartier agréable
17• s'installer le plus vite possible

3 Les relatifs/Les pronoms
(celui qui, celle que…)

a) Complétez ces phrases avec les relatifs qui conviennent :

1• J'ai choisi un régime … est sain, … je peux suivre facilement et … je suis très contente.
2• Il faut choisir une formule de prêt … vous ne regretterez pas, … offrira toutes les garanties et … le remboursement ne posera pas de problème.
3• C'est une femme … tout le monde se souviendra. Les vêtements … elle porte sont toujours discrets et élégants. Elle sait choisir le modèle … lui convient. Pourtant, les magasins … elle s'habille sont très simples.

b) Complétez cette publicité puis remplacez blouson par robe, chaussures, gants.

Vous cherchez un blouson

Ici, vous trouverez
… vous convient,
… vous rêvez et
… vous serez contente
de porter longtemps !

4 L'interrogation indirecte

Transformez les questions suivantes en les introduisant par : Demandez-vous…

Vous voulez acheter un appartement :
1• De quelle somme disposez-vous ?
2• Que préférez-vous : la ville ou la campagne ?
3• Que vous conseillent vos amis et vos parents ?
4• Que vous propose l'agent immobilier ?
5• De combien de mètres carrés avez-vous besoin ?
6• Est-ce que vous pourrez facilement aller travailler ?
7• Est-ce qu'il y a une école pas trop loin pour vos enfants ?
8• Est-ce que votre banque va vous accorder un prêt ?
9• Combien pouvez-vous consacrer chaque mois aux remboursements ?
10• Avez-vous intérêt à prendre une assurance ?
11• Quand souhaitez-vous vous installer ?

VOUS SAVEZ...

1 Demander poliment un service ou un conseil, répondre poliment à une demande et donner un conseil

a) Vous entrez dans une agence pour demander des conseils concernant le choix d'un appartement. L'employé de l'agence vous répond.

b) Vous allez chez un diététicien pour demander des conseils alimentaires. Il vous répond en vous suggérant une alimentation type.

c) Vous hésitez sur le choix d'un vêtement. Vous demandez l'avis d'une vendeuse. Elle vous conseille en fonction de votre physique et de votre personnalité.

d) Vous souhaitez changer d'aspect physique. Vous allez dans une agence spécialisée pour demander conseil. Une hôtesse répond à votre demande.

2 Exprimer une supposition ou une certitude, apprécier ou désapprouver

a) Une vendeuse vous dit qu'un vêtement vous va très bien. Vous pensez le contraire. Votre mari/femme est d'accord avec la vendeuse.

b) On vous propose un appartement qui ne vous convient pas. L'agence essaie de vous faire changer d'avis.

c) Vous exposez vos habitudes alimentaires à un diététicien qui les critique.

d) Vous êtes sur le point de partir habiter dans une ville de province. Vous souhaitez vivre dans une maison avec un jardin. Votre époux ou épouse préfère un appartement dans le centre-ville.
Donnez des arguments.

TEST

ÉCRIT OU ORAL

a) Il ne faut pas faire confiance aux diététiciens ; ils changent tout le temps d'avis.
Qu'en pensez-vous ?

b) Le meilleur régime, c'est de manger de tout, en petites quantités.
Êtes-vous d'accord ?

c) Quand on prend quelques kilos, le plus sage c'est de l'accepter et d'acheter des vêtements plus larges.
Êtes-vous d'accord avec cette opinion ?

d) Aujourd'hui, la mode n'existe plus ; toutes les tenues sont permises. Donnez votre opinion.

e) La mode est marquée par le mélange des cultures et par les voyages.
Qu'en pensez-vous ?

f) Aujourd'hui, le créateur de mode ne propose plus seulement des lignes et des couleurs, il est aussi le " traducteur " de son temps. Qu'en pensez-vous ?

g) On essaie souvent de s'habiller comme un acteur ou une actrice connu(e). C'est ridicule !
Qu'en pensez-vous ?

h) Pour paraître plus jeune, il faut suivre la mode.
Êtes-vous d'accord ?

i) On est plus libre quand on loue un appartement ou une maison que lorsqu'on l'achète.
Êtes-vous d'accord ?

j) Même si on a peu d'argent, il est plus économique d'acheter son lieu de vie que de le louer.
Qu'en pensez-vous ?

ÉCRIT

Lisez cette interview de Joël Robuchon parue dans le magazine *Elle*.

Joël Robuchon
« J'ai perdu 4 kilos en testant mes recettes. »

ELLE. Pourquoi vous, Joël Robuchon, l'un des chefs les plus réputés et les plus récompensés de France, avez-vous collaboré à un livre sur les régimes ? N'est-ce pas paradoxal ?

Joël Robuchon. Mais non, pas du tout. Au contraire. Aujourd'hui, beaucoup de gens sont demandeurs de cuisine minceur. Quand j'avais un restaurant, certains de mes clients me disaient : *« Vous n'auriez pas quelque chose de léger à me proposer ? Un poisson poché et des légumes vapeur ? »* Aussi, lorsque le Dr Sabatier – qui est un ami – m'a demandé de collaborer avec lui à ce livre, cela m'a paru un défi intéressant à relever, mais je l'ai averti tout de suite que je n'y connaissais rien du tout en diététique.

ELLE. Comment cela s'est-il passé ?

J.R. Le Dr Sabatier m'a beaucoup facilité le travail. Il a établi une sorte de « cahier des charges » avec, pour chaque recette, les ingrédients qui pouvaient y figurer et les interdits, bien sûr. Ensuite, c'était à moi de jouer pour que les recettes demandées soient savoureuses. Et apportent plus de plaisir qu'un poisson/haricots verts. J'avoue que j'ai laissé tomber certains plats qui n'étaient pas à mon goût.

ELLE. Vous avez réalisé 50 recettes-minceur. Dur ?

J.R. Cela m'a pris quatre mois en tout. Mais il y a une chose qui m'a beaucoup stimulé : au cours des deux premiers mois, en testant mes recettes, j'ai perdu quatre kilos, et j'en avais besoin !

ELLE. Vous deviez obéir à deux impératifs : pas de sucre et un minimum de gras. Une gageure ?

J.R. Pour les desserts, j'ai utilisé beaucoup de fruits qui sont naturellement sucrés.

ELLE. Mais vous avez aussi inclus du faux sucre dans certaines recettes.

J.R. C'est vrai, et cela ne m'a absolument pas gêné. Je pensais que le faux sucre donnerait un goût un peu bizarre, mais pas du tout. Peut-être que le tour de main y est pour quelque chose. En

tout cas, quelqu'un qui n'est pas au courant ne fait pas la différence.

ELLE. Dans vos recettes, on trouve aussi de l'huile de paraffine en guise de gras. Ce n'est pas très alléchant.

J.R. Je n'ai pas une passion pour l'huile de paraffine, je dois l'avouer. C'était l'une des contraintes que m'avait imposées le Dr Sabatier. Il préconise l'huile de paraffine parfumée et, moi, je préfère l'huile d'olive. En fait, je pense que l'on peut se débrouiller avec l'huile d'olive en en mettant de toutes petites quantités sur les parois des poêles et des casseroles que l'on utilise.

ELLE. Votre fameuse purée ne figure pas au programme...

J.R. *(Rires.)* Non, car elle demande beaucoup de beurre. De même, ne figurent pas certains plats qui ont fait ma réputation comme, bien évidemment, les raviolis de langoustines à la sauce foie gras ! Mais, parmi les recettes que j'ai réalisées, certaines pourraient être au menu d'un grand restaurant deux ou même trois étoiles. Comme la glace aux framboises allégée. Je crois que l'on peut faire la fête avec ces recettes !

ELLE. Cela vous donne des idées ?

J.R. J'ai arrêté la restauration, ce n'est pas pour y revenir, mais il y a une idée à creuser. Aujourd'hui, pour allier gastronomie et diététique, il faut aller dans certains lieux de cure comme Eugénie-les-Bains, Quiberon ou autres. Ce serait bien que cela existe aussi en ville.

ELLE. Et si l'on vous demandait de réaliser des plats cuisinés avec vos recettes-minceur, seriez-vous partant ?

J.R. Pourquoi pas ? Il y a à l'heure actuelle un vrai engouement pour les plats cuisinés qui facilitent la vie mais les plats minceur qui existent ne sont pas toujours fameux.

Propos recueillis par Marie Renaud, *Elle*, 9/3/98.

Indiquez vrai ou faux **pour chacune des affirmations suivantes :**

	Vrai	Faux
1• La journaliste trouve surprenant qu'un grand chef écrive un livre de recettes diététiques.	❑	❑
2• Ce grand chef connaît très bien les règles de la diététique.	❑	❑
3• La journaliste n'aime pas beaucoup l'huile de paraffine dans les plats.	❑	❑
4• Le Dr Sabatier estime que l'huile de paraffine est aussi bonne dans la cuisine que l'huile d'olive.	❑	❑
5• Joël Robuchon pense qu'il est nécessaire d'utiliser du sucre pour la préparation des desserts.	❑	❑
6• Il estime que le faux sucre n'a pas de goût particulier.	❑	❑
7• Il trouve dommage qu'aujourd'hui il n'y ait pas de restaurants proposant de bons plats diététiques.	❑	❑
8• Il souhaite retravailler dans la restauration.	❑	❑

ÉCRIT

Lisez l'article ci-dessous.

LOUVIERS

UN JEUNE CRÉATEUR MONTE SA PREMIÈRE COLLECTION

Grâce au dispositif d'aide aux projets des jeunes, Cédric Carpentier, jeune couturier, va pouvoir monter sa première collection. Le défilé est prévu pour décembre.

Cédric Carpentier n'a pas froid aux yeux. À presque 25 ans, le jeune homme, titulaire d'un brevet de technicien vêtement mesure et création, a décidé de rentrer dans la cour des grands en montant sa propre collection. *« Au cours de mes études, j'ai fait un stage de formation professionnelle dans la maison Nina Ricci. J'y ai notamment fabriqué un chemisier pour la collection automne-hiver 95-96. Ensuite, j'ai travaillé à Paris en tant que patronier. Mais j'ai très vite eu envie de faire quelque chose par moi-même et de montrer aux professionnels de quoi j'étais capable. »*

C'est ainsi que Cédric Carpentier, son book en poche et ses premières robes confectionnées, s'est adressé à la Mission Locale et au service Jeunesse pour obtenir une aide pour son projet de collection. La mairie de Louviers a déjà mis à sa disposition une salle pendant six mois et assure le soutien des services techniques pour la préparation du défilé prévu en décembre. Des moyens assurés dans le cadre du dispositif d'aide aux projets des jeunes auxquels Cédric devra répondre en participant l'an prochain à la création de costumes pour les centres de loisirs et les écoles.

Collection baroque

Quant au ministère de la Jeunesse et des Sports, il devrait lui allouer 4 500 €.

Cette somme ajoutée aux aides privées — coiffeur, maquilleur, mise à disposition de mannequins et d'un photographe — et au soutien d'éventuels sponsors dont Cédric est actuellement en quête, le projet semble donc en bonne voie.

Reste bien sûr à travailler d'arrache-pied pendant les cinq prochains mois. *« J'ai prévu une soixantaine de modèles. Il faut les concevoir, rechercher les tissus, adapter les dessins sur mannequins de bois, effectuer la coupe à plat, l'assemblage des modèles, puis procéder aux essayages et aux retouches. Le travail à la machine ne vient qu'à la fin »*, précise Cédric. *« Le défilé sera éclectique. J'ai déjà dessiné quelques robes années 20 et des corsets très féminins. L'atmosphère confinée et sombre participera au style baroque de la collection. Je revendique l'image d'une femme très sûre d'elle et glamour avant tout. »*

À en juger par les premières créations parmi lesquelles une superbe robe d'inspiration antique en mousseline de coton froissée, le spectacle devrait être grandiose et permettre à Cédric de pénétrer dans le milieu confiné de la mode. D'autant plus que les grands seront invités, parmi lesquels Christian Lacroix dont le jeune Lovérien admire le classicisme et l'originalité.

C.L.
Normandie, 22/07/98.

a) Trouvez un autre titre pour cet article.

b) Retrouvez les informations concernant ce jeune créateur :

– Nom : . . .
– Âge : . . .
– Formation professionnelle : . . .
– Stages : . . .
– Projet professionnel : . . .

c) Répondez aux questions suivantes en justifiant vos réponses :

1• Cédric Carpentier a-t-il déjà travaillé pour la haute couture ?
2• Quelles aides a-t-il déjà obtenues pour préparer sa collection ?
3• Que devra-t-il faire en échange de ces aides ?
4• De qui attend-il d'autres aides ?
5• Quel style de vêtements prépare-t-il ?
6• Quand aura lieu son défilé ? Qui va-t-il inviter ?

d) Le journaliste qui écrit cet article semble-t-il favorable au projet de Cédric ? Justifiez.

e) Et vous, que pensez-vous de ce projet ?

Vous souhaitez faire un séjour de remise en forme. Vous avez trouvé dans un magazine féminin cette publicité pour les séjours à Vitaform. Vous écrivez pour demander des informations sur les soins, la durée recommandée, la meilleure saison pour faire un séjour et les tarifs.

À VITAFORM,

les richesses
d'une eau thermale active
pour une énergie nouvelle.

Cette eau, unique, naturellement chaude, jaillit à Bormes-les-Eaux des profondeurs de la terre. Douce, riche en sodium et oligo-éléments, elle s'associe avec bonheur à des soins de remise en forme raffinés, fruits de la grande expérience du thermalisme.
En complément, la démarche exclusive de diététique équilibrée personnalisée à Vitaform contribue harmonieusement à un vrai ressourcement.

Documentation / Réservation
N° vert 0 800 334 335

V I T A F O R M

★ ★ ★ ★

BORMES-LES-EAUX

ÉCRIT

Les multiples avantages d'une vente de particulier à particulier. Vous voulez vendre votre appartement. Vous écrivez au journal *De particulier à particulier* pour obtenir une réponse à ces questions :

– Quel est le prix d'un mètre carré dans le XVIe arrondissement à Paris ?
– Combien une petite annonce coûte-t-elle ?
– En combien de temps un appartement est-il vendu en général ?
– La surface exacte de l'appartement doit-elle être précisée dans le texte de l'annonce ?

ORAL

Lisez cet article.

Diwan fait son marché bio à Lannion

Le marché bio et artisanal organisé pour la deuxième année à Lannion par le comité de soutien à l'école Diwan a attiré beaucoup de monde, tout l'après-midi de dimanche. Des produits de la bouche certifiés « bio » aux stands de poterie, laine ou bois peint, le marché coloré a eu la faveur du public.

« Une dizaine de stands supplémentaires cette année, un flux continu d'acheteurs tout l'après-midi, cette nouvelle édition du marché bio est un succès », remarque, satisfait, le président de l'école Diwan, Loïc Corlouer.

Installés sur la place près de la salle polyvalente, les quinze exposants des produits de la bouche proposaient leur production issue de l'agriculture biologique avec, c'était une obligation, le label « certifié bio ». Charcuterie, viandes et volailles, légumes et fruits, pain, fromage, vin ou cidre, plats cuisinés ont rempli le panier des promeneurs venus nombreux.

Gwenaëlle et Jean-Joseph sont venus de Tréduder avec leur production de légumes. « Nous avons obtenu le label "bio" il y a trois ans, et nous faisons régulièrement le marché de Lannion. Nous possédons deux hectares de terre et cultivons tous les légumes », expliquent-ils, tout en servant les clients. « Même si nous vendons nos produits "bio" un peu plus cher, ça n'est quand même pas facile d'en vivre », fait remarquer Gwenaëlle. « Contrairement aux agriculteurs traditionnels, nous n'avons que très peu de subventions. Mais c'est une agriculture proche des gens, grâce à la vente à la ferme ou sur les marchés. »

Ouest-France, 22/09/98.

a) Présentez le sujet général de cet article :

1• De quoi parle-t-il ?
2• Où se passe-t-il ?
3• Que peut-on y acheter ?
4• De quoi se plaignent les producteurs biologiques ?
5• Quels avantages trouvent-ils à vendre des produits bio ?

b) Que pensez-vous du rapport qualité/prix des produits biologiques ?

ÉCRIRE

1 Conseiller un restaurant

À partir des informations suivantes, écrivez à des amis pour leur conseiller un restaurant que vous venez de découvrir. Présentez-leur les caractéristiques et les points forts de ce restaurant :

Nom : Le Galatée.
Lieu : Paris, 9e arrondissement.
Spécialités : viandes bio, cuisine traditionnelle.
Propriétaire : Charles, ancien capitaine de la marine, grand voyageur très bavard.
Accueil : chaleureux / décor : bistro parisien typique.
Prix : menus à 12 et 17 euros.

2 Donner des conseils alimentaires

Lisez cet article (« Régime végétarien, pourquoi pas ? » *dans Vies de famille*, novembre 2000).

a) Classez les avantages et les inconvénients d'un régime végétarien.

Avantages	Inconvénients

Régime végétarien
pourquoi pas ?

Bannir définitivement la viande de son assiette : un réflexe qu'adoptent de plus en plus de Français.

La viande ne fait plus recette dans les pays développés : depuis près de vingt ans, toutes les études confirment une nette baisse de la consommation. Si la plupart des Français mangent moins de viande que leurs grands-parents, un petit nombre l'a même rayée de ses menus. Les végétariens ne manquent pas d'arguments pour expliquer leur « désamour » pour la chair animale. *« Je n'ai aucune envie de me boucher les artères avec des viandes gorgées de graisse. Pour vivre vieux, mieux vaut vivre sans viande ! En plus,* manger du cadavre, voilà qui ne m'a jamais vraiment mis en appétit »,* clame haut et fort Étienne, végétarien convaincu. Au-delà de ces raisons philosophico-médicales, pointent désormais les justifications sécuritaires. Devenir végétarien, c'est éviter de courir le risque d'avaler une cuisse de poulet élevé aux antibiotiques, un bifteck taillé dans une vache atteinte d'encéphalite spongiforme bovine ou encore un jarret de veau piqué aux hormones ! Seulement voilà, peut-on s'autoriser un régime végétarien sans courir le risque de souffrir de certaines carences ? *« S'il n'existe pas, à mon sens, d'avantage spécifique à se priver de viande, il n'existe pas non plus de contre-indication particulière »,* affirme de docteur Jacques Fricker, nutritionniste à l'hôpital Bichat à Paris. À condition pourtant de surveiller quelques points clés. Ceux qui renoncent au poisson et à la viande peuvent rencontrer certaines difficultés à atteindre la dose quotidienne nécessaire de protéines animales (60 g) : les protéines contenues dans les végétaux sont en effet incomplètes. Inconvénient qu'il est pourtant possible de contourner. *« En associant dans un repas deux tiers de produits céréaliers avec un tiers de légumes secs, on obtient un équilibre protéique presque aussi bon que celui de la viande. Cela peut être un plat de riz avec des lentilles ou de la semoule avec des pois chiches »,* conseille le nutritionniste. Pour couvrir ses besoins en protéines, il est aussi recommandé d'enrichir ses plats de légumes avec du fromage râpé, une sauce béchamel ou une préparation à base d'œuf. En bannissant le poisson, on renonce par la même occasion à certaines graisses très utiles comme les oméga-3 présents dans le saumon, la sardine ou le maquereau par exemple. Or, il est prouvé que ces acides gras jouent un rôle essentiel dans le fonctionnement des cellules nerveuses du cerveau. Pour être sûr de ne pas en manquer, on peut consommer des huiles riches en oméga-3 comme l'huile de colza ou celle de noix. Autre danger qui menace le végétarien : la carence en fer et donc l'anémie. Pendant que 100 g de foie ou de rognons apportent de 8 à 18 mg de fer, les lentilles (pourtant réputées riches en fer) n'en fournissent que 7 mg et les épinards 2 à 4 mg. Largement insuffisant puisque seuls 15 % du fer contenu dans la nourriture parviendront à traverser la paroi de l'intestin pour atteindre l'organisme ! En dehors des compléments médicamenteux qu'un médecin pourra prescrire (surtout pour les enfants en pleine croissance), il est possible d'avoir recours à certaines astuces. La vitamine C favorisant l'assimilation du fer par l'organisme, pourquoi ne pas arroser son plat de lentilles d'un jus de citron ou terminer son repas par un agrume ou un kiwi, riches en vitamine C ?

b) Comment peut-on remédier aux manques d'un régime végétarien pour l'organisme ?

c) Vous avez opté pour une alimentation végétarienne dans votre famille. Écrivez à une amie, mère de famille, pour l'inciter à changer ses habitudes alimentaires.

3 Écrire des messages

a) Vous aimez suivre la mode et vous ne souhaitez pas porter les vêtements de l'année dernière. Cependant, votre budget est limité et vous avez absolument besoin d'un nouvel ordinateur. Vous écrivez un message au Service d'échange local (http/www.solidaire.org) afin de proposer un troc : décrivez votre garde-robe taille 38, très tendance, tenues de soirée et de ville que vous voulez échanger contre un ordinateur portable (deux ans maximum).

b) Pour les prochaines vacances d'avril (semaine du 8 au 15 avril), vous aimeriez partir avec deux amies dans le sud de l'Espagne, au bord de la mer, mais les locations sont chères... Alors vous avez l'idée de proposer votre deux pièces parisien (15e arrondissement, tout confort) en échange d'un deux pièces en Andalousie. Vous envoyez une lettre à Trocvacances pour présenter votre demande. N'oubliez pas de décrire votre appartement pour le rendre le plus attirant possible.

4 Écrire une lettre de réclamation

Cet hiver, vous aviez décidé d'emmener votre famille aux sports d'hiver. Avant de partir à la montagne, vous aviez trouvé cette petite annonce dans votre quotidien :

À LOUER / Mont-Genèvre (Hautes-Alpes)
3e semaine de février

Beau deux pièces, ensoleillé, coin-cuisine, salle de bains, balcon, garage, tout confort, à proximité des pistes. Commerces

Prix 450 euros tout compris.
Contacter M. Beaupré, Grenoble...

Vous avez loué cet appartement mais votre séjour s'est très mal passé pour des raisons matérielles : deux pièces de 25 m^2 à peine (lits-tiroirs très inconfortables pour les enfants et, une fois tirés, plus de place pour bouger), la discothèque de la station au rez-de-chaussée de l'immeuble, le chauffage en marche seulement la nuit, eau chaude insuffisante pour prendre quatre douches à la suite, garage totalement inaccessible.
De retour chez vous, vous écrivez une lettre de réclamation à M. Beaupré pour lui expliquer les raisons de votre mécontentement et vous lui demandez un remboursement partiel du montant de la location. Rédigez cette lettre.

Unité 7

🎧 M. Dubois et M. Petit sont au café.

M. Dubois – Tiens, Nicolas Vasseur m'a dit qu'il cherchait du travail pour sa femme. Vous n'avez rien pour elle ?

M. Petit – Vous savez, en ce moment, dans les entreprises, ce n'est pas facile.

M. Dubois – Après tout, elle n'a qu'à en profiter pour faire autre chose. Moi, depuis que ma femme a cessé de travailler, ça va beaucoup mieux. Elle est détendue, épanouie, elle voit ses amis, elle fait de la musique. Et puis, elle se consacre à sa famille.

M. Petit – Moi, ma femme m'a prévenu : elle m'a dit qu'elle ne serait jamais une femme au foyer. À la maison, elle s'ennuie.

M. Dubois – Comment une femme peut-elle s'ennuyer chez elle ?

M. Petit – Elle a essayé une fois, ça n'a pas marché... et on n'arrêtait pas de se disputer.

M. Dubois – Avec tout ce qu'il y a à faire dans une maison, elle ne manquera pas d'occupations. Travailler à l'extérieur et faire le ménage : elle sera vite exténuée !

M. Petit – Aujourd'hui, tout de même, ce n'est pas un problème, chacun fait sa part de travail. Moi, je fais les courses et le repassage. Elle, le ménage et la cuisine.

M. Dubois – Ah bon ? Moi vraiment, je n'aimerais pas ça.

Mme Leroy arrive.

Mme Leroy – Ah, monsieur Dubois, je suis heureuse de vous voir. Vous direz à votre femme que ça marche pour l'emploi de caissière. Elle m'a dit qu'elle serait libre dès la fin de la semaine prochaine. C'est toujours d'accord ?

M. Dubois – Euh...

Mme Leroy – Ah, mais vous n'êtes pas au courant ? Elle voulait certainement vous faire la surprise. Alors, vous êtes content ? ■

Entraînez-vous •

1 « Il m'a dit qu'il cherchait du travail. »

a) Observez :
– Nicolas dit qu'il cherche du travail pour sa femme.
– Nicolas a dit qu'il cherchait du travail pour sa femme.

b) Transformez en mettant les verbes au passé :
Elle dit...
– qu'elle cherche du travail.
– que ce n'est pas facile.
– mais qu'elle a vraiment envie d'en trouver.
– qu'elle ne veut pas rester à la maison.

➜ Elle a dit qu'...

LA CONCORDANCE DES TEMPS (1)	
VERBE de la principale	**VERBE de la complétive**
présent	présent
Il dit...	*qu'il cherche*
temps du passé	imparfait
Il a dit...	*qu'il cherchait*

2 « Elle m'a dit qu'elle serait libre. »

a) Observez :
– Elle dit qu'elle sera libre.
– Elle a dit qu'elle serait libre.

b) Transformez en mettant le verbe de la principale au passé :
Elle dit...
– qu'elle arrêtera bientôt de travailler.
– qu'elle en profitera pour se détendre.
– qu'elle va au cinéma.
– qu'elle verra des amis.
– qu'elle prendra le temps de lire.
– qu'elle fera de la musique.
– qu'elle...

➜ Elle a dit qu'...

LA CONCORDANCE DES TEMPS (2)	
VERBE de la principale	**VERBE de la complétive**
présent	futur
Elle dit...	*qu'elle sera libre*
temps du passé	conditionnel
Elle a dit...	*qu'elle serait libre*
Elle disait...	*qu'elle serait libre*

LE CONDITIONNEL (2)					
aller	**voir**	**prendre**	**être**	**avoir**	**faire**
j'irais	je verrais	je prendrais	je serais	j'aurais	je ferais
tu irais	tu verrais	tu prendrais	tu serais	tu aurais	tu ferais
...	...	...	...	...	...

3 « On n'arrêtait pas de se disputer. »

a) Observez :
– On se dispute tout le temps.
– On s'est disputés tout le temps.
– On se disputait tout le temps.
– On n'arrête pas de se disputer.
– On n'a pas arrêté de se disputer.
– On n'arrêtait pas de se disputer.

b) Transformez en utilisant un verbe et en respectant les temps :
– Elle a parlé sans arrêt.
– Elle travaillait tout le temps.
– Elle mangeait toute la journée.
– Elle a joué au tennis sans arrêt.

Pour marquer une action qui dure ou qui se répète, on peut utiliser :

– un adverbe : *tout le temps, en permanence, sans arrêt,*
– des verbes comme *ne pas arrêter de..., ne pas cesser de...*

LA FEMME AU FOYER
NE FAIT PLUS RÊVER LES FEMMES

Son profil n'a pas beaucoup changé depuis les années 1960 : la femme au foyer d'aujourd'hui est toujours une mère de famille mariée, avec trois enfants, plutôt peu diplômée. Mais, grande différence, elle représente aujourd'hui « un modèle qui disparaît ». Elles étaient 5,5 millions en 1968, elles ne sont plus aujourd'hui que 3,3 millions. Autrement dit, de 60 % de la population féminine vivant en couple (en âge de travailler), leur proportion est passée à 30 %. Ainsi, les femmes de 30 ans ne sont que 26 % à ne pas travailler, alors que celles de 45 ans sont plus de 40 % à rester chez elles.

 **Témoignage**

Nathalie est aujourd'hui chargée de la communication dans une entreprise agro-alimentaire. Elle a de lourdes responsabilités et elle ne cesse pas de travailler : son emploi du temps est très chargé. Pourtant c'est aussi la mère d'une famille heureuse.

Nathalie nous a raconté qu'elle s'était mariée très jeune, dès sa sortie du lycée, et qu'elle avait eu rapidement son premier enfant, Magalie, dont elle s'était occupée avec joie.

Son mari, Pierre, gagnait bien sa vie et elle n'était pas obligée de travailler. Deux ans plus tard, leur fils, Victor, est né. Nathalie remplissait parfaitement son rôle de mère au foyer et ses journées étaient bien occupées. Elle aimait cette vie de famille.

Et puis, il y a trois ans, Nathalie a eu envie de travailler… mais sans formation, sans diplôme, que faire ? Elle s'est inscrite à des cours par correspondance pour étudier les métiers de la communication. Après deux ans d'études, elle a obtenu un BTS en communication. Alors la chance est intervenue : à ce moment-là, l'entreprise Bioforce cherchait un responsable de la communication. Nathalie s'est présentée à un entretien et elle a signé un contrat pour trois mois.

Il y a maintenant deux ans que Nathalie occupe ce poste.

Aujourd'hui, Nathalie a merveilleusement organisé sa vie. Son travail marche très bien et elle s'y sent épanouie. Chez elle, elle est aidée par une jeune fille au pair et son mari participe aussi aux travaux de la maison et à l'éducation des enfants. Elle reconnaît qu'elle a réussi, mais qu'elle a eu de la chance.

 ### Comment sortir du chômage ?
Courrier d'une lectrice

À 25 ans, mariée à un homme adorable, je suis comblée par deux beaux enfants. Pourtant, je n'ai plus goût à rien. Mon problème, c'est l'emploi. Nous habitons une petite ville. Mon mari trouve de petites missions intérimaires. Sans diplôme, les portes me sont fermées. J'ai travaillé comme caissière, à mi-temps. Mais les frais de garde étant trop importants, j'ai arrêté pour profiter de l'allocation parentale d'éducation. Le dernier a 3 ans et l'aide m'a été coupée. On n'a plus que 450 € par mois de l'Assedic pour vivre. J'ai vu des assistantes sociales. Tout ce que j'ai obtenu, ce sont des bons alimentaires. Maintenant, ils me disent de trouver un emploi au plus vite. Que de conseils ! Je n'ai aucune aide efficace. Ma plus grande peur, c'est d'être séparée des enfants. Si vous avez des conseils à me donner, j'ai du temps pour vous répondre. En fait, vous êtes mon dernier espoir. Merci.

Laurence D.

Entraînez-vous

Vocabulaire

1 L'emploi.

Remplacez les expressions en italique par des mots de la leçon (faites les modifications nécessaires) :

– Il occupe un *emploi* de comptable depuis plusieurs années.

– Le mari de Fabienne *a sa part dans* le travail de la maison.

– Envoie d'abord ton CV et tu iras ensuite *au rendez-vous professionnel.*

– Il cherche un emploi ; il y a six mois qu'il *n'a pas de travail.*

– Elle a *eu* un diplôme en communication.

– Vous serez *chargé* de la comptabilité.

– Son fils a *une profession* très intéressante : il est ingénieur.

– Tu dois *aller* à un entretien pour obtenir ce poste.

2 Les travaux de la maison.

Complétez ces phrases avec des mots de la leçon :

– Après avoir lavé les vêtements, il faut faire du . . . . Ensuite, on peut ranger les vêtements.

– Les mères de famille doivent aller très souvent au supermarché pour faire . . . .

– Chez nous, c'est la jeune fille au pair qui . . . des enfants : elle va les chercher à l'école et elle joue avec eux.

– Tous les samedis, on fait un grand . . . : on lave la cuisine et la salle de bains, on range toute la maison.

– En général, ce sont les femmes qui font . . . mais les hommes peuvent aussi préparer d'excellents repas.

Grammaire

3 La concordance des temps.

LA CONCORDANCE DES TEMPS (3)

Elle dit… qu'elle a travaillé à 18 ans.
(présent) → **(passé composé)**

Elle a dit / Elle disait… qu'elle avait travaillé à 18 ans.
(passé composé ou **imparfait)** → **(plus-que-parfait)**

■ **Remarque :**
Le plus-que-parfait est formé avec l'auxiliaire « être » ou « avoir » à l'imparfait, et le participe passé.

---

a) Complétez ces phrases en cochant la fin ou les fins possible(s) :

1. Ils m'ont demandé si…
   ❏ nous serions libres la semaine prochaine.
   ❏ vous connaissez cette entreprise.
   ❏ mon patron est sympathique
   ❏ on aura du temps libre.

2. Elle pensait qu'…
   ❏ ils vont à un entretien professionnel.
   ❏ elle trouverait bientôt du travail.
   ❏ on partira en stage le mois prochain.
   ❏ Adrien a un contrat dans une entreprise de Madrid.

3. Je ne savais pas que…
   ❏ Louis avait changé de poste.
   ❏ tu obtiendras ton diplôme à la fin de l'année.
   ❏ vous aviez reçu cette formation.
   ❏ son fils parle si bien anglais.

4. On m'a dit que…
   ❏ tu n'avais pas arrêté de travailler pendant la semaine.
   ❏ votre femme cherche un emploi de comptable.
   ❏ vous terminerez votre stage à la fin du mois.
   ❏ nous nous occuperions de la communication ensemble.

b) Réécrivez ces phrases en mettant le verbe de la principale à l'imparfait :

– Il dit qu'ils cherchent un emploi.

– Tu penses qu'on nous préviendra plusieurs jours à l'avance ?

– Elle se demande si elle ira à l'entretien.

– Je ne sais pas si vous prendrez ce poste.

– Tu crois qu'on verra le directeur ?

– Elle me dit qu'elle ira à Londres lundi prochain.

– Ils ne savent pas encore si ce poste lui convient.

c) Réécrivez le témoignage de la page 70 depuis « elle s'est inscrite… » **jusqu'à** « pour trois mois » **en l'introduisant par** « Nathalie nous a dit que… ».

4 L'expression de la durée.

L'EXPRESSION DE LA DURÉE

■ Pour exprimer une continuité par rapport au moment où on parle :
– **depuis** + verbe au présent:
Elle travaille depuis trois ans.
– **il y a... que** + verbe au présent:
Il y a trois ans qu'elle travaille.
– **ça fait... que** + verbe au présent:
Ça fait trois ans qu'elle travaille.

■ Pour indiquer qu'une action a eu lieu un certain temps auparavant :
– **il y a...** + verbe au passé.
Il y a quatre ans, elle ne travaillait pas.
Il y a trois ans, elle a commencé à travailler

Remarques :
■ *Dans une phrase négative, avec depuis, on emploie généralement le passé :*
Elle n'a pas changé de travail depuis trois ans.

Avec ne... plus, on emploie généralement le présent :
Elle n'est plus femme au foyer depuis trois ans.

■ *Certains verbes indiquent la permanence, comme ne pas arrêter de, ne pas cesser de, continuer de :*
Elle a continué de s'occuper de ses enfants.
Elle n'a pas arrêté de s'occuper de ses enfants.
Elle n'a pas cessé de s'occuper de ses enfants.

Regardez ces fiches et écrivez des phrases à partir des éléments donnés. Employez il y a (que), depuis, pendant, à partir de. **(Nous sommes en l'an 2000.)**

Nom :
Dubois
Prénom :
Marie

1995
Stage chez Renault

1996/98
Emploi de secrétaire chez Fiat

1998/...
Secrétaire de direction à La Redoute

Nom : Buisson

Prénom : Martin

1990/93 Université Paris V (sociologie)

1993/95 Etudes en Espagne (Madrid)

1996 Diplôme en communication internationale Paris V

1997/98 Chargé des relations internationales chez Seat France (Paris)

1999/... Poste de directeur de la communication à Buenos Aires (Argentine)

Écrire

5 **Imaginer comment vit la famille de Nathalie.**
Que fait Nathalie quand elle rentre chez elle ? Et son mari ?
De quoi s'occupe la jeune fille au pair ?

Écouter et parler

La réprobation et l'embarras.

1 🎧 La réprobation. **Écoutez et imitez :**

– Quand même, tu ne devrais pas faire le ménage comme ça !
– Tout de même, je ne trouve pas ça bien du tout !
– Franchement, je ne suis pas d'accord avec ce que tu fais.
– On ne peut pas dire que ce soit bien !
– À ta place, je trouverais une autre solution !
– Quand même, tu pourrais faire autrement !
– Je ne suis vraiment pas d'accord avec toi.
– Je pense que tu as complètement tort !
– Pourquoi as-tu fait ça ? Je ne te comprends pas.

2 🎧 L'embarras. **Écoutez et imitez :**

– Euh, je ne comprends pas.
– Écoutez, je… je ne sais pas quoi vous dire.
– Attendez, on va sûrement trouver une solution mais là, … je ne vois pas.
– Laissez-moi un peu de temps. Je vais en parler à ma femme.
– Alors là, vraiment, je n'ai pas d'idée !
– Qu'est-ce que je peux te dire… ? Laisse-moi réfléchir.
– Vraiment, euh… je n'ai pas de réponse tout de suite.
– Tu es certaine ?… Alors, heu, moi, je n'en sais rien.
– Qu'est-ce que tu veux que je te dise ?

3 🎧 **Écoutez et mettez une croix dans la bonne case :**

	1	2	3	4	5	6	7	8
RÉPROBATION								
EMBARRAS								

Écouter

4 🎧 Les tâches ménagères.

a) Écoutez cet enregistrement puis répondez aux questions :

1. Cette conversation a lieu entre deux femmes. Qui sont-elles ?
2. Qu'est-ce qui provoque cette conversation ?
3. À la fin de la conversation, la femme la plus âgée a-t-elle changé d'avis ? Pourquoi ?

b) Réécoutez cet enregistrement puis mettez une croix devant les tâches accomplies par l'homme et la femme.

	Le mari	La femme
Faire les courses		
Faire la cuisine		
Préparer les repas d'amis		
Faire le ménage		
Passer l'aspirateur		
Faire la lessive		
Faire le repassage		
Amener les enfants à l'école		
Promener le chien		

5 🎧 Famille et profession.
Écoutez cet enregistrement puis répondez aux questions suivantes :

a) Quelle est la profession de Véronique ?
b) Et de son mari ?
c) Que fait le mari de Véronique dans la maison ?
d) Quelle responsabilité ont les enfants ?
e) Que fait la jeune fille ?
f) Combien de fois par semaine vient-elle ?
g) Que fait Véronique pour la famille ?
h) Que font-ils le dimanche ?
i) Qui déjeune à la maison en semaine ?
j) Qui rentre le plus tôt du travail : Véronique ou son mari ?

Parler

6 À vous !

Certains nouveaux pères s'occupent beaucoup de leurs enfants. On les appelle des « papa-poule ».
Que pensez-vous de ce changement ?

Une maison de retraite où les enfants sont rois

« Les Papillons », c'est une halte-garderie dans la banlieue de Bordeaux où de très jeunes enfants cohabitent avec les pensionnaires d'une maison de retraite, située au-dessus.

Les pensionnaires âgées y retrouvent le bonheur de se sentir à nouveau utiles. « C'est une telle joie de regarder vivre les enfants ! observe, émue, la voisine du petit Ferdinand, âgée de 86 ans. Si j'ai choisi cette maison de retraite, c'est parce que j'étais sûre de les voir tous les jours ! »

Aux « Papillons », certains lieux sont partagés : les terrasses et les salons des étages servent aussi de salles de jeux pour les enfants.

Chaque après-midi, les enfants viennent rendre visite aux mamies qui préparent souvent des crêpes pour leur goûter. Ils ne sont pas étonnés : partager les repas avec leurs aînées fait partie de l'ordre des choses. Ensemble, ils lisent des histoires, jouent au ballon, dessinent... Les enfants sont ravis de leurs vieilles compagnes.

« Contrairement aux adultes, les enfants n'ont pas de préjugés contre les personnes âgées, remarque la directrice de cette maison. Ils sont tendres et familiers avec cette population souvent esseulée qui ne reçoit pas beaucoup de visites de ses petits-enfants. »

Tous les quinze jours ont lieu des activités communes : peinture, cuisine, musique... Chaque enfant se retrouve à côté d'une mamie et, ensemble, ils réalisent un travail manuel.

Il faut voir le bonheur des pensionnaires quand les gamins arrivent bruyamment dans le salon. Immédiate-

ment, le petit écran, fidèle compagnon, est délaissé et on se met à parler. « Nous attendons toujours avec impatience leur visite de l'après-midi. C'est très important de garder un contact avec les futures générations ! »

Mais qu'en pensent les parents des enfants ? « J'ai remarqué qu'au jardin public, Alice (deux ans et demi) allait voir les personnes âgées et leur parlait facilement, confirme une maman. Je crois qu'il existe une très grande complicité entre ces deux âges !... Cette crèche, c'est comme une grande famille, comme ce qui se faisait autrefois, quand les trois générations habitaient dans un même lieu. Ces échanges permettent la socialisation des enfants et des personnes âgées. »

(Capital santé, octobre 98.)

1 Lisez ce texte puis répondez aux questions :

Compréhension globale

a) « Les Papillons » est une halte-garderie un peu particulière. Pourquoi ?

b) Comment cette cohabitation est-elle facilitée dans l'organisation de la construction ?

c) Comment se passe un après-midi aux « Papillons » ?

d) Quelles sont les activités quotidiennes communes ?

e) Que se passe-t-il tous les quinze jours ?

f) Quelle attitude ont les jeunes enfants envers les personnes âgées ?

g) Qu'est-ce que ces visites apportent aux pensionnaires de la maison de retraite ?

h) Pourquoi ces visites sont-elles attendues ?

i) Que pensent les parents de ces échanges ?

j) Pourquoi cette organisation ressemble-t-elle à une famille ?

k) Aujourd'hui plusieurs générations vivent-elles ensemble dans une famille française ?

Compréhension plus fine

l) Associez les expressions de sens proche :

une halte-garderie ●	● une bonne communication
une maison de retraite ●	● un enfant
une salle de jeux ●	● la télévision
une crêpe ●	● une idée toute faite
le petit écran ●	● une personne plus âgée que vous
un gamin ●	● une sorte de dessert
un préjugé ●	● laissé seul
esseulé ●	● une crèche
une complicité ●	● un lieu de vie pour personnes âgées
un(e) aîné(e) ●	● une pièce pour jouer

m) Retrouvez dans l'article deux verbes qui signifient « dire ».

n) Que signifient les expressions suivantes ?

1. Elle est émue.
   Elle est : ❑ triste.
   ❑ sensible.
   ❑ intéressée.

2. Ils sont ravis.
   Ils sont : ❑ étonnés.
   ❑ ennuyés.
   ❑ contents.

3. Ils sont tendres et familiers.
   ❑ Ils sont gentils et se sentent proches.
   ❑ Ils sont ennuyés et tristes.
   ❑ Ils sont fatigués et malades.

4. Ça fait partie de l'ordre des choses.
   ❑ Les choses sont bien organisées.
   ❑ C'est normal.
   ❑ Il faut partager les choses.

5. Ils réalisent un travail manuel.
   ❑ Ils font quelque chose de leurs mains.
   ❑ Ils regardent un manuel.
   ❑ Ils se racontent des histoires.

6. De très jeunes enfants cohabitent avec les pensionnaires d'une maison de retraite.
   ❑ Des enfants vivent avec des personnes âgées.
   ❑ Des enfants travaillent avec de vieilles personnes.
   ❑ Des petits enfants jouent avec des retraités.

7. Le petit écran, fidèle compagnon, est délaissé.
   ❑ Les pensionnaires regardent beaucoup la télévision.
   ❑ On arrête de regarder la télévision.
   ❑ On met en marche la télévision.

8. Nous attendons avec impatience leur visite.
   ❑ Nous aimerions qu'ils arrivent plus tard.
   ❑ Le temps est très court avant leur arrivée.
   ❑ Nous voulons qu'ils arrivent très vite.

9. Ils permettent la socialisation des enfants et des personnes âgées.
   ❑ Ces échanges rendent plus difficile la vie dans la société.
   ❑ Par ces échanges, ces personnes vivent mieux en groupes.
   ❑ Ces personnes ne communiquent pas très bien.

Écrire

2 Aujourd'hui, les femmes préfèrent rester à la maison. Qu'en pensez-vous ?

Unité 8

🎧 **Mme Lemercier et ses enfants.**

Arthur Lemercier – Voilà, maman, on a bien réfléchi : on voudrait adopter un chien.

Mme Lemercier – Écoutez, les enfants, ça fait au moins dix fois qu'on en parle, et ça fait dix fois que je vous dis non. Il n'en est pas question !

Arthur Lemercier – Mais si on avait un chien, on s'en occuperait. Tu n'aurais rien à faire. On le sortirait, on lui donnerait à manger, on ferait sa toilette…

Mme Lemercier – Mais si je refuse, ce n'est pas par égoïsme, ce n'est pas pour moi, c'est pour le chien. Ici, il souffrirait !

Arthur Lemercier – Pas du tout ! Avec nous, il serait très heureux ! On est très affectueux !

Mme Lemercier – Je ne dis pas le contraire. Mais on habite en ville, dans un appartement. Ce n'est pas conçu pour les chiens. Ils ont besoin de liberté. Ils aiment avoir de grands espaces. Il faut les laisser courir, jouer. Ici, on n'a pas de place.

Arthur Lemercier – Et alors, ça vaut mieux que d'être brutalisé ou abandonné ! Et puis, il y a une forêt pas loin d'ici.

Mme Lemercier – Et pendant la semaine, qui le garderait ?

Arthur Lemercier – Il peut tout de même rester seul dans la journée !

Mme Lemercier – Ah oui, et qu'est-ce qu'ils diraient, les voisins ? Je suis sûre qu'ils protesteraient.

Arthur Lemercier – Alors un hamster… ?

🎧 **Une voisine arrive.** *(On entend sonner, un des enfants revient.)*

Arthur Lemercier – Maman, c'est Mme Dupuis.

Mme Lemercier – Entrez, Mme Dupuis.

Mme Dupuis – Bonjour, madame Lemercier. Excusez-moi de vous déranger. Le chien de mes parents vient d'avoir des chiots. Je sais que vos enfants adorent les animaux. Alors, je serais heureuse de leur en offrir un… ■

 **Entraînez-vous** •

1 « Si on avait un chien, on le sortirait. »

a) Observez :

Si j'habitais à la campagne, j'aurais un chien.
Mais j'habite en ville.

LA CONDITION (1)
■ **Possibilité** **si** + présent ➜ futur *Si j'habite… un jour à la campagne, j'aurai un chien.* ■ **Condition non réalisée** **si** + imparfait ➜ conditionnel présent *Si j'habitais à la campagne…, j'aurais un chien.* (mais je n'habite pas à la campagne)

b) Remplacez je **par** nous, **puis par** ils.

c) Faites des phrases sur le même modèle, en utilisant les verbes proposés (employez je, nous **puis** ils**) :**

– Faire du sport / être en meilleure forme.
– Ne pas avoir de voisins / faire de la musique.
– Connaître cette jeune fille / prendre un verre avec elle.
– Pouvoir acheter une voiture / choisir une Twingo.
– Être plus libre / pouvoir se reposer.

d) Observez :

Vous êtes fatiguée ? Il faut :
– faire de la gymnastique.
– boire de l'eau.
– manger équilibré.
– prendre des vacances régulièrement.

Votre chien s'ennuie ? Il faut :
– le sortir plus souvent.
– lui laisser un peu de liberté.
– jouer avec lui.
– ne pas le laisser seul trop souvent.

e) Transformez ces textes en utilisant :
si tu…, tu ne… . **Puis :** si vous…, vous ne… .

2 « Il faut les laisser jouer. »

a) Observez :

Quand vous avez un chien, il faut le laisser jouer, il faut le faire courir.

L'INFINITIF
■ Les verbes **laisser** et **faire** peuvent être construits avec une phrase dont le verbe est à l'infinitif ; le sujet est placé : – **après** le verbe si c'est **un nom** : *Il faut laisser jouer votre chien.* *Il faut faire jouer votre chien.* – **avant** le verbe *laisser* ou *faire*, si c'est **un pronom** : *Il faut le laisser jouer.* *Il faut le faire jouer.*

b) Complétez en utilisant laisser **ou** faire
(les deux sont parfois possibles) :

– Votre fils travaille trop, il faut . . . *(se reposer).*
– Votre fille ne travaille pas, . . . *(travailler).*
– Ces personnes sont trop grosses . . . *(maigrir).*
– Cette femme est épuisée par le bruit, . . . *(changer de chambre).*
– Les enfants ont faim, . . . *(dîner).*
– Mon mari doit trouver une solution . . . *(réfléchir).*
– Ma fille est fatiguée, . . . *(dormir).*

3 « Je serais heureuse de leur en offrir un ».

a) Observez :

– J'offre ce chiot à un ami. Je le lui offre.
– Mon chien a eu des chiots, j'offre un chiot à un ami. Je lui en offre un.

PLACE DES PRONOMS
■ Lorsqu'un verbe est construit avec le pronom **lui** ou **leur** et le pronom **le (la** ou **les)**, *le (la, les)* est placé avant *lui* ou *leur* : *Je le lui donne. Je le leur donne.* ■ Lorsqu'un verbe est construit avec le pronom **lui** ou **leur** et le pronom **en (lui… en)**, le pronom *lui* ou *leur* est placé avant *en* : *Je lui en donne. Je leur en donne.*

b) Répondez aux questions suivantes :

– Vous offrez souvent des fleurs à vos amis ?
– Oui, . . .

– Tu conseilles ce livre à tes élèves ?
– Oui, . . .

– Ils ont donné mon adresse au médecin ?
– Oui, . . .

– Ils ont donné un plan à leurs amis ?
– Oui, . . .

– Vous donnerez des sandwichs à vos enfants ?
– Oui, . . .

– Tu demanderas le numéro de téléphone à ton professeur ?
– Oui, . . .

– On a envoyé une invitation à ton amie ?
– Oui, . . .

– Vous avez indiqué la route à vos parents ?
– Oui, . . .

CHIEN PERDU OU TROUVÉ : QUE FAIRE ?

Contactez la police pour connaître l'adresse du refuge où vous pouvez le laisser. En général, un chien y est gardé entre 4 et 8 jours. S'il est tatoué, le propriétaire sera prévenu quand le tatouage est bien lisible. Par sécurité, si vous avez un chien, il vaudrait mieux lui faire porter un collier avec vos coordonnées. Si vous pensez qu'il a été volé, adressez-vous au commissariat de police.

AVIS
AUX REFUGES

Si vous souhaitez proposer des chiens ou des chats à l'adoption par notre organisme, envoyez-nous de bonnes photos de votre animal avec des informations sur son âge, sa race, son caractère, les raisons de l'abandon, etc.

Nous serons heureux de les publier dans notre magazine.

Adressez-les à Rubrique animaux...

ADOPTEZ-LE

Capy, 2 ans, très affectueux, ce beau chien a dû être abandonné par sa propriétaire. En effet, comme celle-ci souffrait d'une maladie grave, elle ne pouvait plus du tout s'occuper de lui. Si elle était en bonne santé, elle se ferait une joie de le garder car Capy est un excellent chien. Capy adore les enfants. Alors, si vous l'adoptiez, il deviendrait très vite le meilleur compagnon de jeux de vos enfants.

Cet animal vous attend au refuge de la Fondation Brigitte Bardot, 45 rue Vineuse, 75016 Paris.

Quelques conseils pour élever votre chien

■ Vous devez vous faire obéir. Il faut que vous gardiez toujours le contrôle de votre chien. Ne le laissez pas tout faire !

■ Sortez-le au moins deux fois par jour si vous habitez en ville. Pendant ses promenades, il ne doit jamais s'éloigner de vous de plus d'une dizaine de mètres. Laissez-lui cependant assez de liberté pour qu'il puisse rencontrer d'autres chiens.

■ Donnez-lui à manger une fois par jour. Le chien mange de tout. Vous pouvez lui donner des boulettes mais il ne faut pas lui en donner trop. En revanche, il doit toujours avoir de l'eau, au cas où il aurait soif.

■ Donnez-lui un bain une fois par mois et brossez-le souvent.

■ Si vous ne souhaitez pas qu'il dorme sur votre fauteuil préféré, préparez-lui une couverture pour dormir.

■ Et surtout, jouez avec lui, donnez-lui de votre temps !

Entraînez-vous

Vocabulaire

1 Avoir un animal.

a) Remplacez les expressions en italique par des mots de la leçon. Faites les modifications nécessaires.

– Si vous cherchez un chien, allez voir dans une *maison d'accueil* pour animaux. On pourra vous proposer *de prendre chez vous* des animaux *qui n'ont plus de propriétaire*.

– Si vous avez un chien, il vaut mieux lui faire faire *une marque d'identité* au cas où vous le perdriez. Mais vous pouvez aussi écrire vos coordonnées sur son collier.

– Votre chien doit toujours vous *écouter*; certains *types* de chiens sont plus faciles à élever que d'autres.

b) Retrouvez dans les textes de gauche les noms correspondant aux verbes suivants :
abandonner, adopter, promener, contrôler, jouer, tatouer.

c) Faites la description d'un chien perdu et employez au moins cinq adjectifs de cette liste : abandonné, bien élevé, beau, gros, brutalisé, affectueux, malheureux, triste, jeune.

Grammaire

2 Le conditionnel.

Mettez les verbes entre parenthèses au conditionnel :
On *(pouvoir)* aller vivre au Québec. Je *(être)* professeur de français à l'université de Montréal. Nous *(trouver)* une grande maison en banlieue. Les enfants *(aller)* étudier à la fac. Tu *(avoir)* du temps pour faire de la musique. L'hiver, nous *(faire)* du ski. On *(voir)* nos amis pendant les vacances. Je *(prendre)* un mois pour leur montrer la région. Nous *(acheter)* une grosse voiture. Nous *(avoir)* une vie agréable et nous *(être)* très heureux là-bas !

3 La condition.

a) Mettez les verbes entre parenthèses à la forme convenable :
– Un jour, si vous *(vivre)* à la campagne, vous *(pouvoir)* avoir un chien.
– Ton chien *(avoir)* de l'espace pour courir si tu *(avoir)* un jardin.

– Plus tard, j'*(offrir)* un chat à mes enfants s'ils en *(vouloir)* un.
– Si nous *(décider)* d'adopter un chien, qui *(s'occuper)* de lui ?
– Que *(faire)*-ils de leur chien s'ils *(partir)* en voyage ?
– Si ma chienne *(avoir)* des chiots, je vous en *(donner)* un.

b) Écrivez les verbes entre parenthèses à la forme convenable :
Heureusement, il n'y a pas d'animal à la maison, parce que…
– Si nous *(avoir)* un chien, il *(falloir)* le sortir.
– Si les enfants *(vouloir)* un hamster, je *(devoir)* m'occuper de lui.
– On *(être)* obligés de le faire garder quand nous *(faire)* des voyages.
– Les enfants, vous ne *(jouer)* pas avec un chien si vous *(préférer)* regarder un film à la télé.
– Les voisins ne *(être)* pas contents si un chien *(vivre)* dans l'immeuble.

LA CONDITION (2)

■ **À condition que** suivi du subjonctif exprime une condition nécessaire :
Vous aurez un chat à condition que vous vous occupiez de lui.

■ **Au cas où** suivi du conditionnel marque une circonstance éventuelle dans le futur :
Au cas où je rentrerais tard, je te téléphonerais.
(= Si je rentre tard, je te téléphonerai.)

---

c) Reformulez ces phrases en employant à condition que :
– Nous sortirons ce soir si nous ne rentrons pas trop tard.
– Je réserverai une table dans un restaurant si c'est encore possible.
– Si Pierre et Nathalie sont libres, nous pouvons leur proposer de venir.
– Nous prendrons la voiture pour y aller s'il n'y a pas trop de monde sur la route.
– S'il ne fait pas trop froid, je mettrai ma petite robe noire.
– Si tu peux rentrer plus tôt, tu me téléphones. Je me préparerai.

4 L'hypothèse.

L'HYPOTHÈSE
■ On peut aussi exprimer l'hypothèse avec : – l'expression **peut-être** : *Il est en retard, il a peut-être un travail urgent à finir.* – le verbe **devoir** qui indique une hypothèse pour le passé ou le présent : *Il est en retard ; il doit avoir un travail urgent à finir.* *Il a dû avoir un travail urgent à finir.*

a) Complétez ces phrases hypothétiques. Employez les verbes donnés et le verbe devoir.
Exemple : **Elle n'est pas chez elle : elle (sortir).**
➜ *Elle n'est pas chez elle : elle a dû sortir faire des courses.*

– Je lui ai envoyé une carte ; . . . *(recevoir).*
– Les voisins ont fait beaucoup de bruit hier soir ;
. . . *(fêter quelque chose).*
– Cette étudiante est absente depuis deux jours ;
. . . *(être malade).*
– Brigitte a beaucoup maigri, . . . *(suivre un régime).*
– Je n'ai pas vu vos fils depuis deux ans ; . . . *(beaucoup changer).*
– M. Leroux ne répond pas au téléphone ; . . . *(partir de bonne heure).*

b) Reformulez ces phrases en employant au cas où :
Exemple : **Au cas où** *nous rentrerions trop tard,* **nous sortirions demain.**
– Au cas où . . . , nous dînerions chez nous.
– Au cas où . . . , nous resterions seuls.
– Au cas où . . . , nous irions en bus.
– Au cas où . . . , je prendrais un pull.

5 La place des pronoms compléments.
Reformulez ces conseils en remplaçant les noms par des pronoms.
– Vous devez promener votre chien tous les matins.
– Il faut donner un bain à votre chien une fois par mois.
– Je vous conseille de mettre un collier à votre chien.
– Vous devez faire faire de l'exercice à votre chien.
– Il faut laisser les chiens jouer ensemble.
– Vous devez donner des légumes tous les jours à votre chien.
– Vous devez laisser votre chien courir.
– Il faut que vous donniez une alimentation équilibrée à votre chien.

Écrire

6 Lettre d'abandon.
Vous devez abandonner votre chat. Vous écrivez au refuge pour animaux de votre ville pour le faire adopter. Écrivez la lettre en tenant compte des caractéristiques de votre chat.

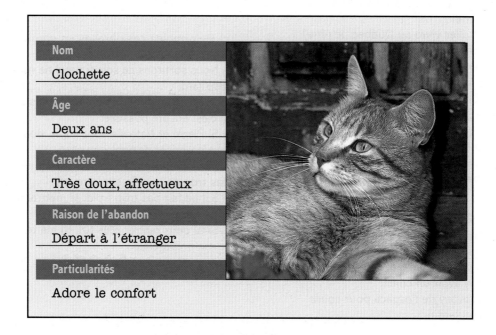

Nom
Clochette

Âge
Deux ans

Caractère
Très doux, affectueux

Raison de l'abandon
Départ à l'étranger

Particularités
Adore le confort

Écouter et parler

L'impatience et la concession.

1 🎧 L'impatience. Écoutez et imitez :
– Ça fait dix fois que je te demande de fermer la porte.
– Il faut absolument que tu sortes le chien.
– Je ne le répéterai plus : va te coucher !
– Comment faut-il te le dire : arrête cette télévision.
– Ça fait au moins dix fois que je te le dis : mets un pull !
– J'en ai assez de répéter la même chose : range ta chambre !
– Pour la dernière fois… finis ton exercice !

2 🎧 La concession. Écoutez et imitez :
– Tu as raison mais écoute-moi quand même !
– Je ne dis pas le contraire mais…
– Je ne suis pas tout à fait de ton avis !
– Oui, c'est vrai mais enfin, il y a autre chose…
– Tu n'as pas tort mais…
– On peut voir les choses autrement !
– Je suis d'accord avec toi mais…

3 🎧 Écoutez et mettez une croix dans la bonne case :

	1	2	3	4	5	6	7	8
IMPATIENCE								
CONCESSION								

Écouter

4 🎧 Vivre avec ses animaux.

a) Écoutez ces témoignages puis répondez aux questions suivantes :
1. Parmi ces six personnes, Cécile, Philippe, Dominique, Laurent, Maguy, Catherine et Martine, qui vit complètement pour et avec ses animaux ?
2. Qui a une passion pour les animaux depuis l'enfance ?
3. Qui pense qu'un animal doit recevoir une bonne éducation ?
4. Qui trouve parfois difficile la cohabitation avec un animal ?
5. Qui était opposé à l'idée d'avoir un animal à la maison ?
6. Qui a une attitude excessive envers son animal ?
7. Qui a une attitude normale ?

b) Réécoutez cet enregistrement puis répondez à ces questions de détail :
1. Quel était le rêve de Philippe ?
2. Que faisait Dominique enfant ?
3. Quel est son problème aujourd'hui ?
4. Pourquoi Laurent a-t-il un chien ?
5. Comment est-il avec son chien ?
6. Comment Maguy considère-t-elle ses chiens ?
7. Où dorment les chiens de Catherine ?
8. Que fait-elle pour eux ?
9. Pourquoi vit-elle seule ?
10. Qui s'occupe du chat chez Martine ?
11. Martine regrette-t-elle d'avoir un chat ?

Parler

5 À vous !
a) Si vous habitez en ville dans un appartement, aurez-vous un chien ? Donnez les raisons de votre choix.
b) Commentez ce dessin.

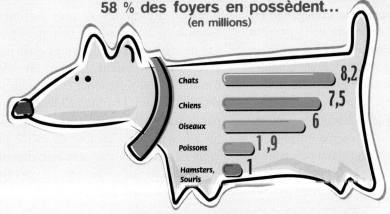

Animaux domestiques : les Français champions d'Europe.

58 % des foyers en possèdent…
(en millions)

Chats — 8,2
Chiens — 7,5
Oiseaux — 6
Poissons — 1,9
Hamsters, Souris — 1

… et dépensent* 6 milliards de francs en 1980
30 milliards de francs en 1999

* Achat d'animaux, nourriture, litière

Spécial Tamagotchi

Vous dites Tamagotchi ?... Un animal virtuel ! ?

En effet, sous la forme d'un petit œuf en plastique, se cache un adorable poussin commandé par une puce électronique. En apparence bien inoffensif, il mène pourtant la vie dure à son jeune "maître"; sans cesse, il réclame à boire, à manger, des câlins... et il menace même de se laisser mourir si on ne s'occupe pas de lui. N'est-ce pas dangereux qu'il remplace le bon vieux Nounours de notre enfance?

COURRIER DES LECTEURS

Notre fils Thomas, âgé de 9 ans, voulait depuis plusieurs mois un Tamagotchi, comme beaucoup de copains de sa classe. Bien que nous ne soyons pas très favorables à ce genre de jouet, nous avons fini par céder ; nous lui en avons offert un pour son anniversaire. Et nous avons commis une grave erreur ! Depuis que cet "être" a franchi le seuil de notre maison, notre vie familiale est devenue un enfer : dès le matin, Thomas manifeste sa mauvaise humeur car la "bestiole" est soit malade, soit affamée... et il doit s'en occuper ! Alors, il faut sans cesse bousculer notre fils afin qu'il se prépare pour aller à l'école ! Au moment du départ, c'est un véritable drame qui se reproduit chaque jour : le Tamagotchi va devoir passer toute la journée seul à la maison. À entendre Thomas, il faudrait presque employer une baby-sitter pour nourrir cet animal, le soigner s'il est malade, lui faire faire ses besoins, jouer avec lui. Nous avons acheté ce jouet pour faire plaisir à Thomas quand nous refusions d'avoir un chat, un chien ou autre bête et nous voilà esclaves d'un appareil stupide ! J'imagine l'horreur quand il va "mourir"! Que nous conseillez-vous ?

RÉPONSE

Ne vous inquiétez pas, le Tamagotchi est un phénomène de mode et il passera comme d'autres jouets. Car ce n'est qu'un jouet, et il ne faut surtout pas lui accorder trop d'importance en le plaçant au niveau d'un animal ou d'un être vivant. Aujourd'hui votre fils a besoin de protéger son Tamagotchi — il exerce un pouvoir comme il le ferait sur un chien ou un autre animal — mais il va se lasser car les réactions de cet appareil restent très limitées, dépourvues de tout sentiment. Surtout, ne le lui enlevez pas, et ne faites pas de remarques sur le temps qu'il passe avec son Tamagotchi. Il serait en colère contre vous, et regretterait encore plus son absence. Et puis, pourquoi n'inviteriez-vous pas de temps en temps les copains de votre fils à la maison : c'est tout de même plus drôle de passer un moment avec des amis que de cliquer sur un bouton, les yeux fixés sur un écran minuscule, tout seul !

1 **Lisez cet article puis répondez aux questions suivantes :**

Compréhension globale

a) Qu'est-ce qu'un Tamagotchi ?

b) Comment se présente-t-il ?

c) Que doit-on faire pour s'occuper d'un Tamagotchi ?

d) Dans quel cas peut-il mourir ?

e) La mère qui a écrit ce courrier est-elle favorable au Tamagotchi ? De quoi a-t-elle peur ?

f) Quel conseil lui donne le journal ?

Compréhension plus fine

g) Retrouvez les expressions qui ont un sens voisin :

se cacher ●	● entrer
menacer ●	● recommencer
se lasser ●	● annoncer (une chose négative)
cliquer ●	● montrer, exprimer
franchir le seuil ●	● se trouver
passer ●	● disparaître, s'arrêter
remplacer ●	● se tromper
commettre une erreur ●	● faire se dépêcher
céder ●	● se fatiguer, s'ennuyer
manifester ●	● appuyer sur un bouton
bousculer ●	● prendre la place
se reproduire ●	● accepter sans enthousiasme

h) Retrouvez un synonyme du mot « bestiole ».

i) Trouvez la définition la plus proche :

1. Une puce électronique c'est…
   ❏ Un appareil domestique.
   ❏ Un mini-ordinateur.
   ❏ Un petit animal.

2. Un animal virtuel c'est…
   ❏ Un chat, un chien.
   ❏ Un animal qui n'existe pas vraiment.
   ❏ Un jeu électronique.

j) Que signifient les expressions suivantes ?

1. En apparence bien inoffensif…
   ❏ Il peut être dangereux.
   ❏ On voit qu'il peut faire du mal.
   ❏ Il paraît sans danger.

2. Il mène la vie dure…
   ❏ Il rend la vie facile.
   ❏ La vie devient difficile à cause de lui.
   ❏ Il est agréable à vivre.

3. Sa bestiole est affamée…
   ❏ Elle a très faim.
   ❏ Elle est très malade.
   ❏ Elle est très fatiguée.

4. À entendre Thomas…
   ❏ Vous entendez Thomas qui parle.
   ❏ Si on obéissait à Thomas.
   ❏ On devrait écouter Thomas.

5. Il faut lui faire faire ses besoins…
   ❏ Il faut s'occuper de lui.
   ❏ Il a besoin de soins.
   ❏ Il faut lui permettre d'aller "aux toilettes".

6. Et nous voilà esclaves d'un appareil stupide…
   ❏ Nous sommes dépendants de cet appareil merveilleux.
   ❏ Cet appareil sans intérêt dirige toutes nos actions.
   ❏ Nous adorons cet appareil plein d'intelligence.

k) Quels sentiments exprime la lettre de la mère ? Retrouvez les expressions dans le texte.

l) Quels sont les sentiments exprimés dans la réponse ? Retrouvez les expressions représentatives.

Écrire

2 Il ne faut pas adopter d'animal quand on habite en ville.

Unité 9

🎧 M. Dubois et deux gendarmes.

1er gendarme – Bonjour monsieur. Nous effectuons des contrôles sur les véhicules dans le cadre de la lutte anti-pollution.

M. Dubois – Bien sûr, monsieur l'agent. Je suis moi-même tout à fait favorable à cette campagne. Je suis à votre disposition.

1er gendarme – Je vais examiner vos papiers pendant que mon collègue contrôle le véhicule.

M. Dubois – Voilà monsieur. Par ailleurs, pour ma part, je trouve que la police n'est pas assez sévère. Il faudrait que l'État prévoie des amendes beaucoup plus élevées pour les véhicules mal entretenus.

1er gendarme – 90 €, c'est tout de même une somme !

M. Dubois – Oui, il faut dissuader davantage. Tenez, hier encore, j'ai vu un véhicule qui roulait dans un état . . . ! Et personne ne l'a arrêté. Si j'avais eu le temps, j'aurais relevé le numéro.

1er gendarme – Oui, vous auriez dû le relever !

M. Dubois – Et les dépassements de vitesse ! Si les amendes étaient plus élevées, je suis sûr que les gens seraient plus prudents.

1er gendarme – Pour un excès de vitesse, vous pouvez payer jusqu'à 1 520 € ! Ça fait beaucoup !

M. Dubois – La loi, c'est la loi. Il faut punir les contrevenants mais je n'ai jamais eu le moindre problème. Ni amende pour excès de vitesse, ni, bien sûr, pour conduite en état d'ivresse. Vous pouvez vérifier.

1er gendarme – Mais monsieur, je vous crois ! Mais il ne s'agit pas de ça. C'est un simple contrôle anti-pollution !

2e gendarme – Ah monsieur, il y a un problème avec votre pot d'échappement. Vous polluez.

M. Dubois – Je pollue, moi . . .

2e gendarme – Oui, vous êtes à 5% de monoxyde de carbone. Il faut que vous passiez un contrôle. Désolé, monsieur, il faut payer une amende de 90 €. C'est la loi ! ∎

Entraînez-vous

1 « Si j'avais eu le temps, j'aurais relevé le numéro. »

a) Observez :
– Si j'avais eu une voiture, je serais allé vous chercher.
– Si j'avais eu une voiture, j'aurais pris le temps d'aller vous chercher.

LA CONDITION (3)

■ **Si** + plus-que-parfait, et conditionnel passé (verbe de la principale) *(si j'avais eu…, j'aurais noté)* marque une condition passée qui ne s'est pas réalisée.

■ Le conditionnel passé est composé du conditionnel présent du verbe « avoir » ou du verbe « être », suivi du participe passé.

---

b) Imaginez ce qu'on peut leur dire :
– M. Combes n'a pas entretenu sa voiture ; il a eu une amende.
➜ Si vous…
– Le policier n'a pas relevé le numéro du véhicule ; on n'a pas pu l'arrêter.
➜ Si vous…
– Le policier n'a pas arrêté le conducteur ; il n'est pas allé au commissariat.
➜ Si vous…
– Le policier n'a pas vérifié les papiers du conducteur ; il n'a pas eu son nom.
➜ Si vous…

2 «Vous auriez dû relever le numéro».

a) Observez :
– Vous auriez dû relever le numéro !
– Pourquoi n'avez-vous pas relevé le numéro ?
– Il fallait relever le numéro !

LE REPROCHE

■ Pour reprocher un fait, on peut utiliser :
– **Il fallait** + infinitif ;
– **Vous auriez dû** + infinitif ;
– **Pourquoi n'avez-vous pas… ?**
Il fallait faire vérifier votre pot d'échappement.
Vous auriez dû faire vérifier votre pot d'échappement.
Pourquoi n'avez-vous pas fait vérifier votre pot d'échappement ?

---

b) Remplacez vous par tu, puis par elles.

c) Faites des reproches aux personnes de l'exercice 1 **b).**

d) Observez :
– Les parents n'ont pas rencontré le professeur de leur fils. Ils n'ont pas compris le problème.
– Les parents auraient dû rencontrer le professeur de leur fils. Ils auraient compris le problème.
– Si les parents avaient rencontré le professeur, ils auraient compris le problème.
– Il fallait que les parents rencontrent le professeur, ils auraient compris le problème.

e) Reformulez de la même manière les phrases suivantes :
– Vous ne m'avez pas écouté : vous n'avez pas gagné.
– Tu n'as pas suivi les conseils du médecin. Tu n'as pas maigri.
– Ils n'ont pas regardé le match à la télévision ; ils se sont ennuyés.
– Elle n'a pas indiqué sa taille à son mari, il a pris un blouson trop grand.
– Tu ne portais pas une tenue fantaisiste ; tu n'as pas obtenu le rôle.

3 « Il faudrait que l'État prévoie des amendes. »

a) Observez :
– Il faudrait que l'État prévoie des amendes.
– L'État devrait prévoir des amendes.

« DEVOIR » / « IL FAUT QUE… »

■ Le verbe **devoir** et le verbe **falloir** au conditionnel, peuvent exprimer :
– un conseil :
Vous devriez vous reposer.
Il faudrait vous reposer.
Il faudrait que vous vous reposiez.

– une obligation atténuée :
L'État devrait prévoir des amendes.
Il faudrait prévoir des amendes.

■ *Il faudrait que…* est suivi du subjonctif.
Il faudrait que l'État prévoie des amendes.

---

b) Transformez ces phrases en utilisant :
Il (ne) faudrait (pas) que vous…
Il (ne) faudrait (pas) que tu…
Vous (ne) devriez (pas)…
Tu (ne) devrais (pas)…

– Tu regardes la télévision toute la soirée !
– Il ne sort jamais le chien !
– Vous ne faites jamais la cuisine !
– Il ne fait jamais de cadeau à sa femme !
– Ils ne dînent jamais avec leurs enfants !
– Elle ne part jamais en voyage !

Marie, 32 ans, garde animatrice de l'île de Bréhat

« Au début, j'ai eu du mal à me faire accepter… Mes débuts ont été très difficiles. D'abord parce que je suis une femme et puis, je ne suis pas née dans l'île. Il y a maintenant cinq ans que j'ai ce poste et les habitants de l'île ont fini par m'adopter. Il faut dire que la mer, c'est ma vie et j'adore l'île de Bréhat ! Quand j'ai commencé ce travail, il y avait tout à faire. Heureusement, je n'étais pas seule ! Entretenir l'île, protéger les oiseaux mais aussi les plantes… Nous avons fait mettre dans l'île des panneaux pour interdire la cueillette des fleurs mais les gens n'en tiennent pas compte. J'ai le droit de donner des amendes et je suis parfois obligée de le faire. Un « cueilleur » a ainsi été condamné à payer la somme de 180 euros parce qu'il avait voulu rapporter un bouquet à sa petite amie. Pourtant, si on n'avait pas protégé ces plantes, certaines auraient déjà disparu aujourd'hui. J'aime transmettre mon amour de la nature, particulièrement aux enfants pour que demain, ils prennent à leur tour soin de notre planète… »

Véronique, 40 ans, garde animatrice de l'île de Batz

« J'ai grandi sur cette île et je n'aurais jamais pu travailler dans un bureau… Jamais je n'aurais imaginé d'aller vivre ailleurs que sur cette île où je suis née. Enfant, déjà, je rêvais d'avoir un métier dans l'environnement. Mais quand je suis devenue adulte, les choses n'étaient plus aussi simples ; alors je suis devenue institutrice et comme j'avais de longues vacances, j'en profitais pour travailler à la Maison de la Nature comme animatrice. Et puis, il y a neuf ans, un poste s'est libéré et j'ai été prise… C'est ainsi que je fais le métier dont j'ai toujours rêvé. De plus, je travaille beaucoup avec les enfants. Partir en promenade avec eux pour leur faire découvrir les plantes protégées, les oiseaux ou les petits animaux est un vrai plaisir ! De cette façon, je leur transmets mon amour pour la nature et je leur fais découvrir la protection de l'environnement. Je leur explique pourquoi il ne faut pas jeter des papiers dans la nature ou rouler en VTT dans les lieux protégés. Il faut qu'ils sachent que l'avenir de notre planète est entre leurs mains. »

Entraînez-vous

Vocabulaire

1 Les actions : verbes et noms.

a) Retrouvez dans le dialogue et dans les articles les noms correspondant aux verbes suivants : lutter, polluer, dépasser, conduire, débuter, protéger, entretenir, aimer. Faites-les précéder d'un article.
Exemple : **contrôler** ➜ *le contrôle*

b) Retrouvez les verbes correspondant à ces noms :
un examen, une prévision, une vérification, une punition, une disparition, l'imagination, une explication.

2 La nature.

Repérez dans ces séries l'élément qui n'a pas de relation avec les autres :
– un oiseau, un poisson, un animal, un chien, un refuge.
– une fleur, une plante, un arbre, un jardin, un fruit.
– protéger, respecter, soigner, dissuader, entretenir, prendre soin.

3 Les articulateurs.

Pour illustrer
Par exemple
De fait

Pour confirmer
Effectivement
En effet

Pour renchérir
D'ailleurs

Pour corriger
Cependant
Néanmoins
Pourtant

Pour ajouter un élément à l'argumentation
Or *(élément contradictoire)*
De plus *(élément semblable)*

Pour exprimer une conséquence
Donc
C'est pourquoi

Complétez ces phrases par les articulateurs qui conviennent (il peut y avoir plusieurs possibilités).
● Les gens sont d'accord pour protéger la nature. . . . ils aiment les fleurs. . . . certaines espèces sont en voie de disparition. . . . ils les cueillent. . . . les gardiens de parc sont obligés de mettre des amendes.
● Les Français adorent les animaux. . . . beaucoup en ont un chez eux, même en ville. . . . les chiens ne sont pas faits pour vivre en appartement. . . . il n'y a pas de jardins prévus pour eux. . . . les jardins publics leur sont interdits. . . . les Français continuent par égoïsme à avoir des animaux.

Grammaire

4 La condition passée (suite).

Écrivez des phrases correspondant aux situations suivantes. Employez les éléments entre parenthèses.
Exemple : **Vous avez eu un accident de voiture en sortant d'un restaurant. (je / savoir / nous / prendre un taxi)**
➜ *Si j'avais su, nous aurions pris un taxi.*

– Votre ami a eu une mauvaise note à son examen de français. (il / réussir / on / travailler ensemble)

– Pierre est arrivé trop tard pour aller au cinéma. (Pierre / arriver plus tôt / nous / aller au cinéma)
– Mon père a eu une amende, son pot d'échappement n'était pas en bon état. (mon père / vérifier / nous ne pas payer d'amende)
– Hier, il a plu toute la journée, les enfants sont restés à la maison. (les enfants / sortir / il / faire beau)
– Je n'ai pas gagné d'argent alors je ne suis pas parti en vacances. (je / partir / je / gagner)
– Vous étiez invités chez vos parents et vous n'avez pas pu aller au théâtre. (vous / aller au théâtre / ne pas être invités)

5 L'obligation et l'interdiction.

L'OBLIGATION
■ Pour marquer l'obligation, on emploie : – des formules impersonnelles : **Il faut que… / il est important que… / il est essentiel que…** + subjonctif. *Il est important que vous suiviez les flèches.* **Il faut… / il est important de… / il est essentiel de…** + infinitif. *Il est essentiel de suivre les panneaux.* – le verbe **devoir**… *Vous devez suivre les panneaux.*

L'INTERDICTION
■ Pour marquer l'interdiction, on emploie des formules impersonnelles : **Il ne faut pas que…** + subjonctif. *Il ne faut pas que vous fassiez du feu.* **Il est défendu de… / il est interdit de…** + infinitif. *Il est défendu de faire du feu.* *Il est interdit de faire du feu.*

Regardez ce panneau et écrivez des phrases pour expliquer ces obligations et ces interdictions. Variez les structures.

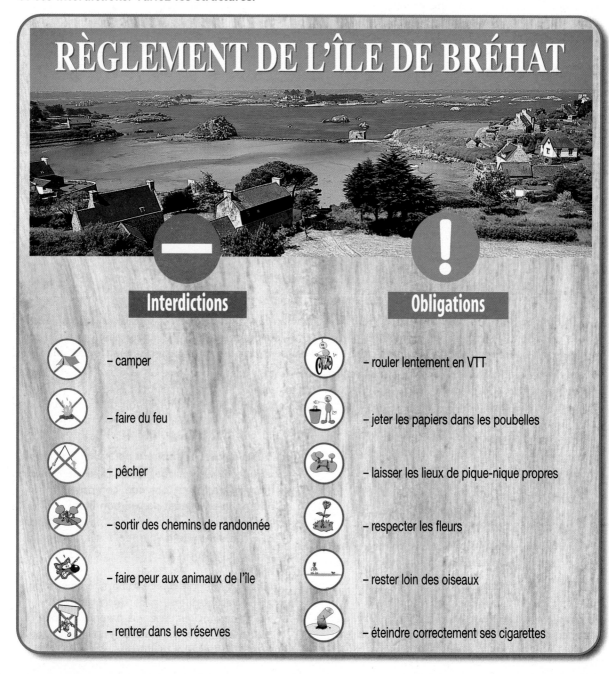

Écouter et parler

Le soutien et le reproche.

1 🎧 **Le soutien. Écoutez et imitez :**
– Je suis tout à fait d'accord avec vous.
– Je vous donne raison.
– C'est vrai, ce que vous dites.
– Je pense exactement la même chose que vous.
– Je suis tout à fait de votre avis.
– Je pense comme vous.
– Je partage votre opinion.

2 🎧 **Le reproche. Écoutez et imitez :**
– Tu n'aurais pas dû téléphoner si tard.
– À votre place, je n'aurais pas invité Paul.
– Pourquoi as-tu répondu de cette façon ?
– Je ne te comprends pas !
– Si j'étais vous, j'aurais choisi une voiture moins chère.
– Vous auriez dû nous donner des nouvelles !
– Ce que tu as fait ne me plaît pas du tout.
– Je ne suis pas de votre avis, vous auriez pu les prévenir.

3 🎧 **Écoutez et mettez une croix dans la bonne case :**

	1	2	3	4	5	6	7	8
SOUTIEN								
REPROCHE								

Écouter

4 🎧 **Avez-vous votre permis de conduire ?**

Compréhension globale
a) Écoutez cet enregistrement puis remplissez cette grille :

	a le permis	a une voiture	conduit souvent
Yann			
Jean			
Marie			
Michèle			
Nicolas			

Compréhension fine
b) Répondez aux questions suivantes :
1. Pourquoi Yann a-t-il arrêté de conduire ?
2. Comment fait-il quand il part en week-end ?
3. Comment Jean circule-t-il dans Paris ?
4. A-t-il toujours une mobylette ? Pourquoi ?
5. Qu'est-ce que les parents de Marie lui ont offert quand elle a eu son bac ?
6. Que savez-vous sur la vie de Marie ?
7. Comment fait la famille de Michèle pendant les vacances ?
8. Que fait Nicolas ?
9. Comment se déplace-t-il ?
10. Quels sont ses projets ?

Parler

5 **À vous !**
a) À votre avis, peut-on vivre aujourd'hui sans voiture ? Donnez vos raisons.

b) Que pensez-vous de ce type de campagne publicitaire pour ce restaurant ?

On est prié de laisser la planète propre en sortant

McDonald's

Lire

APPRENEZ À VIVRE ÉCOLOGIQUEMENT !

« L'ÉNERGIE LA MOINS POLLUANTE, C'EST CELLE QU'ON N'UTILISE PAS »,
RAPPELLE UN CLIMATOLOGUE. CHACUN D'ENTRE NOUS, PAR DES GESTES SIMPLES,
PEUT CONTRIBUER À ÉVITER LA POLLUTION.
C'EST MIEUX, Y COMPRIS POUR LE COMPTE EN BANQUE.

■ Plutôt mettre un pull ou une bonne couverture que monter le chauffage : chaque degré en dessous de 19, c'est 7 % d'économie.

■ Quand c'est possible, préférer le train à l'avion et les transports en commun à la voiture.

■ Pour l'achat d'une nouvelle voiture, privilégier les derniers modèles roulant au GPL : moins 90 % de monoxyde de carbone, et moins 60 % de dioxyde d'azote, non seulement pour l'effet de serre*, mais aussi pour nos poumons.

■ Éteindre les appareils électriques en veille (télévision, ordinateur) : 10 % d'électricité en moins.

■ S'éclairer aux ampoules écologiques. Dix fois plus chères à l'achat qu'une ampoule normale, elles consomment quatre fois moins et durent huit fois plus longtemps.

■ Manger moins de viande : un, les ruminants dégagent du méthane – un gaz à effet de serre ; deux, c'est en partie pour produire de la viande qu'on supprime des forêts (pâturages, céréales pour l'alimentation animale).

■ Participer au tri des déchets et même le réclamer s'il n'existe pas.
Le recyclage est toujours préférable.

■ Isoler toits et murs (30 % d'économies d'énergie) et bien fermer portes et fenêtres (encore 10 %).

* Effet de serre : phénomène produit par des gaz comme le dioxyde de carbone.

1 Lisez ce texte puis répondez aux questions suivantes :

Compréhension globale

a) Quel est le sujet principal de ce texte ?

b) À qui s'adresse-t-il ?

c) Comment peut-on diminuer les dépenses d'énergie ?
Retrouvez les six domaines dans lesquels on peut agir.

Compréhension fine

d) Mettez en relation les verbes de sens proche :

contribuer ●	● produire
éviter ●	● demander en insistant
privilégier ●	● ne pas rencontrer
réclamer ●	● fermer très bien, hermétiquement
éteindre ●	● aider
consommer ●	● faire disparaître
dégager ●	● utiliser
supprimer ●	● préférer
isoler ●	● arrêter

e) Expliquez :

1. Le mot « climatologue » vient de quel autre mot ? Qu'est-ce qu'un climatologue étudie ?

2. L'effet de serre, c'est un phénomène bon pour les plantes, mauvais pour les poumons des gens, ou un réchauffement de la planète ?

3. Quelles sont les caractéristiques des ampoules écologiques (prix, consommation, durée) ?

4. Les ruminants sont-ils des poulets, des poissons ou des bœufs ?

5. Pour voyager, il vaut mieux prendre :

   ❏ l'avion et le train
   ❏ la voiture et l'avion
   ❏ le train et les transports en commun.

f) Que signifient les expressions suivantes ?

1. Chacun d'entre nous, par des gestes simples, peut contribuer à éviter la pollution.

   ❏ Grâce à de bonnes habitudes, tout le monde peut…
   ❏ Avec des mouvements du corps, on peut…
   ❏ Personne avec des réflexes ne peut…

2. C'est mieux, y compris pour le compte en banque.

   ❏ Vous comprendrez mieux votre banquier.
   ❏ Votre banquier vous comprendra mieux.
   ❏ C'est mieux aussi pour votre argent.

3. Plutôt mettre un pull que monter le chauffage.

   ❏ Il vaut mieux s'habiller chaudement et augmenter la température de la pièce.
   ❏ Mettez un pull pour avoir plus chaud.
   ❏ Ne chauffez pas trop mais mettez un vêtement chaud.

4. Les appareils en veille sont :

   ❏ des appareils qu'on utilise toute la journée
   ❏ des appareils qu'on utilise le matin pour se réveiller
   ❏ des appareils qu'on ne débranche jamais du courant électrique.

5. Participer au tri des déchets, c'est :

   ❏ avoir des déchets rangés par catégories
   ❏ ne pas produire de choses sales
   ❏ ne rien jeter.

6. Le recyclage est toujours préférable.

   ❏ Il faut essayer de garder les vieux produits.
   ❏ Le vélo est un moyen de transport écologique.
   ❏ Il vaut mieux transformer les vieux produits pour en faire de nouveaux.

7. Isoler les toits et les murs, c'est :

   ❏ construire de nouvelles maisons
   ❏ empêcher le froid d'entrer dans les maisons
   ❏ avoir des maisons loin de tout.

Écrire

2 Faut-il interdire la circulation dans les villes ?

VOUS CONNAISSEZ...

1 La concordance des temps

Transformez ces phrases en mettant le verbe introducteur au passé :

1• Il dit qu'il n'aime pas faire les courses, qu'il préfère repasser. (*Il a dit . . .*)
2• Je pense qu'elle s'ennuie à la maison ; mais elle me dit qu'elle est très épanouie. (*Je pensais . . . Elle m'a dit . . .*)
3• Elle dit qu'elle s'occupera beaucoup mieux des enfants et qu'elle aura du temps à leur consacrer. (*Elle a dit . . .*)
4• Je crois que les chiens souffrent en appartement ; mon fils me dit qu'ils sont très heureux, qu'ils jouent et qu'ils courent toute la journée. Et qu'après, ils dorment bien. (*Je croyais . . . Mon fils m'a dit . . .*)
5• Le responsable du refuge me dit qu'il faudra quand même les sortir plus souvent. (*Il m'a dit . . .*)

2 La condition

Faites des phrases à partir des éléments suivants :

a) pour exprimer une condition possible ;

b) pour exprimer une condition non réalisée dans le présent ;

c) pour exprimer une condition non réalisée dans le passé.

1• ne pas travailler/être plus détendue/elle
2• avoir des responsabilités/bien faire votre travail/vous
3• s'occuper de ses chiens/être en bonne santé/tu - ils
4• se présenter/obtenir le poste/tu
5• contrôler notre véhicule/ne pas être condamnés/nous
6• être sévère avec son chien/obéir mieux/nous - il

3 L'expression de la durée

Complétez ces phrases par depuis (que), il y a (... que), ça fait (... que) **ou** ne ... plus :

1• Il est rentré de voyage . . . deux semaines. . . . son retour, il cherche du travail.
2• . . . six mois (. . .) nous avons un chien et . . . nous l'avons, les enfants regardent beaucoup moins la télévision.
3• Madeleine a arrêté de fumer . . . un an : . . . elle . . . fume . . . , elle a pris trois kilos mais elle se sent beaucoup mieux.
4• . . . un an, nous habitons à la campagne. Jean est beaucoup plus détendu . . . il s'occupe du jardin !
5• Je suis inquiète : je n'ai pas eu de nouvelles de Valérie . . . trois semaines. C'est bizarre, elle ne m'a pas téléphoné . . . nous avons déjeuné ensemble.
6• . . . un an, tu fêtais tes quarante ans. Et . . . tout ce temps, tu n'as pas encore fait le voyage en Égypte dont tu rêves ! Qu'est-ce que tu attends ?

4 L'emploi de deux pronoms dans une phrase

a) Répondez à ces questions en remplaçant les compléments par des pronoms :

1• Faut-il donner du sucre à votre chien ? / Non
2• Avez-vous offert ce roman à vos parents ? / Oui
3• Avez-vous demandé les références de ce livre à votre professeur ? / Oui
4• Invitez-vous souvent vos amis au restaurant ? / Non

b) Imaginez des questions correspondant à ces réponses. N'employez pas de pronoms compléments. (Attention à l'accord des participes passés.)

1• Non, on ne l'y amène pas.
2• Oui, je le lui ai prêté.
3• Non, nous ne la leur avons pas achetée.
4• Si, je lui en ai lu deux.
5• Oui, je les leur ai données hier soir.

5 L'emploi des articulateurs

Complétez ces phrases (il peut y avoir plusieurs possibilités).

1• Les Français adorent les animaux : . . . 75 % des foyers ont un chien ; . . . ils vivent souvent dans des appartements en ville ; . . . le matin, les gens sont nombreux à promener leur chien dans les rues . . . , moi aussi le matin, je sors mon chien !
2• Les femmes aujourd'hui préfèrent travailler : . . . , elles sont 60 % à travailler, . . . , il y a beaucoup de crèches. . . . quand elles ont de jeunes enfants, elles ont la possibilité de s'occuper d'eux pendant un an. . . . elles obtiennent de l'argent pour garder leurs enfants.

6 Le subjonctif

Mettez les verbes entre parenthèses au subjonctif :

1• Il vaudrait mieux que tu (*aller*) habiter au bord de la mer.
2• Je préférerais que vous (*venir*) me chercher en voiture.
3• Il faudrait que je (*faire*) contrôler ma voiture.
4• Il ne faut pas que nous (*vendre*) notre appartement maintenant.
5• Je voudrais que tu (*choisir*) un chien très jeune.

VOUS SAVEZ...

❶ Rapporter des propos au passé

Reprenez les propos qui suivent en les rapportant au passé :

1• « Ma femme va reprendre un travail. Je vais donc l'aider dans les travaux ménagers. J'aime bien faire la cuisine et je préparerai les repas avec plaisir. Le ménage, ça ne me plaît pas beaucoup, mais on prendra une femme de ménage. Et puis je ferai les courses. Pour la voiture, c'est toujours moi qui l'entretiens. Ça ne changera pas ! »
Il a dit que ...

2• « Votre voiture n'est pas en bon état. Il faut la faire vérifier plus souvent. Sinon, vous aurez une amende importante à payer. Les contrôles anti-pollution sont de plus en plus sévères ! »
Le garagiste a dit que ...

❷ Émettre des hypothèses

Continuez les phrases suivantes :

1• Si je ne travaillais pas, ...
2• Si je n'avais pas travaillé, ...
3• Si on avait un chien, ...
4• Si on avait eu un chien, ...
5• Si vous aviez une voiture, ...
6• Si vous aviez eu une voiture, ...
7• Si tes parents habitaient ...
8• Si tes parents avaient habité ...

TEST

ÉCRIT

Lisez les deux témoignages intitulés 90 mètres carrés contre 4 hectares et Il y a une vie après le périph' puis répondez aux questions.

90 mètres carrés contre 4 hectares

« *Si je sors de Paris, je meurs…* » C'est du moins ce qu'Hélène Kassimatis, consultante dans les métiers de la mode, a cru pendant les trente-six premières années de sa vie. Jusqu'à ce que son mari, navigant sur Air France, ne supporte plus le bruit et la pression de la capitale et qu'elle se laisse convaincre, lasse de courir après le temps. « *On a eu envie d'une maison, d'espace ; de lever un peu le pied et profiter de nos deux enfants* », résume-t-elle. Après avoir épluché durant deux ans les petites annonces du *Particulier,* visité « *des trucs moches, chers ou sans âme* », elle s'expatrie dans le Calvados au nom de la sacro-sainte qualité de la vie. « *Il m'a fallu un grain de folie, une bonne dose d'optimisme,* explique-t-elle, *pour larguer ma ville ! Toute une démarche pour me persuader que j'existerais toujours à 180 kilomètres de Paris.* »

Point d'accostage : Les Tendres, un petit hameau de 20 habitants, sans tabac, sans bistrot. Mais une maison de 350 mètres carrés, avec 4 hectares de terrain, piscine, maison d'amis, boxes à chevaux ! « *Inimaginable à Paris.* » Le boulot ? Hélène existe encore. Elle organise désormais ses activités à partir de son domicile et gagne la capitale quand le devoir l'appelle. « *C'est alors la vie de dingue qui recommence, mais ça me fait apprécier ce que j'ai ici !* » Seule ombre au tableau : le désert culturel de sa campagne. Hélène rêve d'une escapade hebdomadaire dans la capitale pour ne pas décrocher du monde. Elle envisage même de s'équiper d'une parabole pour recevoir les chaînes par satellite : « *Je ne suis pas venue ici pour m'enterrer.* » Loin de Paris, mais toujours branchée.

Karen Saranga. *L'Express,* 01/02/96.

Premier témoignage

1• Hélène était très attachée à Paris. Recherchez les expressions qui le montrent.
2• Son mari a su la convaincre. Quels étaient ses arguments ?
3• Qu'est-ce qui montre qu'elle hésitait ?
4• Quels sont les avantages de sa nouvelle vie ?
5• Elle a un regret, lequel ?

Bilan 3

« IL Y A UNE VIE APRÈS LE PÉRIPH' »

« *Pour nous, Parisiens, il était inconcevable de franchir le périphérique pour aller nous installer en banlieue.* » Mais, voilà. Quand, il y a six ans, le propriétaire de la petite maison que Régis et Anne-Monique Latimier louent du côté de Bercy, dans le XIIᵉ arrondissement, leur annonce qu'il récupère son bien, ce couple d'architectes d'une trentaine d'années, avec, à l'époque, deux jeunes enfants et des revenus variant en fonction des marchés qu'ils décrochent, doit bien se rendre à l'évidence : pour 700 euros par mois – leur ancien loyer – ils ne trouveront rien d'équivalent dans la capitale. Acheter ? Avec l'aide des parents et des banques, c'est possible. Du moins, ils le croyaient. « *Grâce aux emprunts, on pouvait tabler sur 1 million de francs. Mais avec 1 million, dans Paris, on n'a rien ou presque* », se rappelle Régis, qui n'a pas oublié le minuscule appartement de trois pièces donnant sur les voies de la gare de Lyon qu'on leur avait proposé pour ce prix. La mort dans l'âme, ils se résignent à émigrer de l'autre côté du périph'. « *On avait tous les clichés dans la tête, se* souvient Anne-Monique. *La peur de l'isolement, l'insécurité, les heures de voiture pour aller travailler.* » Après avoir éliminé la banlieue ouest – trop chère –, détesté celle du sud – trop laide –, ils se décident pour l'est. Ce sera un pavillon à Fontenay-sous-Bois, de l'autre côté du bois de Vincennes, à une petite demi-heure de RER du centre de Paris. Pas vraiment l'enfer. Bien sûr, au début, leurs connaissances parisiennes se moquent un peu d'eux. « *Dîner ? Non. Mais on viendra passer le week-end !* » Six ans plus tard, Anne-Monique et Régis n'ont pas perdu un seul de leurs amis. Ceux-ci viennent régulièrement passer la soirée chez eux, et inversement. « *C'est vrai, nous avons la chance de pouvoir travailler à domicile, de ne pas avoir d'horaires fixes et, donc, de ne pas subir les encombrements aux portes de Paris. C'est un gros avantage* », reconnaît Régis. Aujourd'hui, ils sont sous le charme. « *Même si près de Paris, il y a un petit côté province. Les gens sont plus aimables, moins indifférents. Tout est facile, et proche, pour les activités extrascolaires des enfants* », dit Anne-Monique. Les deux voitures du couple sont garées sur le trottoir, devant chez eux. En six ans, ils n'ont eu aucun PV ! Mais la venue d'un nouvel enfant va les obliger à déménager à Nogent-sur-Marne. Banlieue, quand tu nous tiens !

Bernard Mazières. *L'Express,* 01/02/96.

Deuxième témoignage

1• Régis et Anne-Monique n'ont aucune envie de quitter Paris. Cherchez les expressions qui traduisent leur manque d'enthousiasme.

2• Maintenant, cette famille est heureuse d'habiter en banlieue. Recherchez les expressions qui traduisent leur satisfaction.

ÉCRIT OU ORAL

a) Êtes-vous pour la répartition des travaux de la maison entre les différents membres d'une famille ? Comment pourriez-vous l'organiser ?

b) Êtes-vous pour ou contre le Tamagotchi ?

c) En France, il y a plus de chiens que d'enfants de moins de douze ans. Qu'en pensez-vous ?

Que pensez-vous de ce document ?

ÉCRIT OU ORAL

**Quand vous n'arrivez plus à concilier vie familiale
et vie professionnelle, quand les enfants sont malades,
quand vous croyez ne plus avoir aucune solution
pour les faire garder,**

appelez Allô-Mamie !

une association de femmes disponibles,
toujours prêtes à vous rendre service.
Allô-Mamie - 01 43 26 30 33.

a) Lisez ce document puis répondez aux questions suivantes :

1• De quel type de document s'agit-il ?
2• Qui en est l'auteur ?
3• À qui s'adresse-t-il et pourquoi ?
4• Quel service y est proposé ?
5• À quelle réalité sociale fait-il référence ?

b) Dans votre pays, quels services sont proposés pour aider les femmes qui travaillent ?

c) Que pourrait-on mettre en place pour faciliter la vie des mères qui travaillent ?

ÉCRIT

En ville, sans ma voiture ? Chiche !

Une initiative simple et audacieuse : restituer pour un jour la ville aux piétons.
Essayez : le 22 septembre, vous respirerez mieux.

Allez donc expliquer aux 57 % des Français qui montent dans leur auto chaque jour qu'il faudra mardi laisser Titine au garage et lui préférer transports en commun ou deux-roues ! Le défi aurait semblé impossible il y a seulement quelques années ; aujourd'hui pourtant, l'urgence est là et la santé de nos compatriotes citadins est devenue l'enjeu du prochain millénaire. C'est pourquoi le ministère de l'Aménagement du territoire et de l'Environnement propose, durant une journée entière, de fermer les centres-villes à la circulation automobile. Car sous l'œil bienveillant de nos voisins frontaliers, cette première nationale nourrit des ambitions européennes.

L'opération, qui a lieu le 22 septembre de 7 h à 21 h, s'inscrit dans le cadre de la Semaine du transport public et entraîne trente-cinq villes de toutes tailles dans une aventure dont La Rochelle se fit le laboratoire le 9 septembre 1997. Le principe n'a pas pour objet de bannir la voiture des villes : chaque municipalité détermine un périmètre interdit à la circulation dans lequel les moyens de transports urbains seront renforcés. Ainsi, seuls les vélos et les engins électriques pourront circuler librement dans cette zone réservée. Des stationnements supplémentaires, installés en périphérie, seront desservis par les transports collectifs, et les taxis ne circuleront que dans les couloirs des bus. […]

Au cours de la journée, des mesures écologiques et sanitaires seront effectuées puis comparées dans la presse avec les chiffres de la pollution. Et le bruit, et l'odeur ! Ah, un seul jour pour retrouver le goût de l'air frais et entendre les arbres bruire ! Alors, rêvons un peu tandis que les trottoirs s'allongent en chemins arborés, et que les piétons s'ébattent sans crainte sur les routes, à peine éclaboussés par le souffle des vélos qui passent. Étrange, ce silence ? Une chance d'écouter enfin la chanson discrète des oiseaux des villes… à pleins poumons !

Karine Papillaud (DR)
La Semaine, 19/09/98.

a) Lisez le document intitulé En ville, sans ma voiture ? Chiche ! **puis répondez aux questions suivantes :**

1• De quel type de document s'agit-il ?
2• De quoi parle-t-on dans cet article ? Quelles informations y donne-t-on ?

b) Parmi les phrases suivantes, cochez celles qui correspondent aux informations communiquées dans le document.

1• ❑ Plus de la moitié des Français empruntent chaque jour les transports en commun ou le vélo.

2• ❑ La circulation des voitures sera interdite dans 35 villes le mardi 22 septembre.

3• ❑ Cette expérience a déjà été pratiquée à La Rochelle.

4• ❑ Cette première expérience nationale intéresse d'autres pays européens.

5• Pour faciliter cette journée sans voiture :
❑ on propose des vélos à la périphérie des villes
❑ on organise des parkings supplémentaires
❑ il n'y aura pas de taxis
❑ il y aura plus de bus que d'habitude
❑ les transports en commun seront gratuits
❑ les vélos et les voitures électriques pourront aller partout.

6• Cette journée doit permettre de :
❑ vérifier la qualité de l'air
❑ comparer le degré de pollution avec les jours de circulation normale
❑ étudier les odeurs et les bruits de la ville.

7• Les habitants des villes pourront ce jour-là :
❑ écouter les oiseaux chanter
❑ se promener sans souci
❑ mieux respirer.

c) Donnez un autre titre à cet article ?

d) Ce genre d'action existe-t-il dans votre pays ?

e) À votre avis, que pourrait-on faire pour limiter la pollution dans le centre des grandes villes ?

ÉCRIT

Un habitant de La Rochelle écrit à la municipalité pour la féliciter de cette initiative, mais il est inquiet sur les conditions de transport et sur les conditions d'accès à son appartement. Il demande des précisions. Écrivez sa lettre.

ÉCRIRE

■ Écrire un message

a) **Vous venez d'apprendre par une amie espagnole qu'il existe depuis peu des laveries automatiques, en libre-service, pour chiens. Celles-ci, en 24 minutes, aspergent votre animal d'eau tiède savonneuse, puis le rincent et le sèchent. C'est exactement le même procédé que pour votre voiture !**

Scandalisé(e), vous écrivez une lettre à la SPA (Société Protectrice des Animaux) afin d'empêcher l'ouverture de ces laveries automatiques d'un type nouveau. Rédigez votre lettre.

b) **Vos voisins ont un chien mais, contraints d'aller travailler chaque jour, ils le laissent toute la semaine seul dans l'appartement. Or cette malheureuse bête passe son temps à aboyer dès qu'elle entend le moindre bruit dans l'escalier.**

Écrivez à vos voisins un petit mot poli (vous souhaitez garder de bonnes relations avec eux) mais explicite pour les inviter à trouver rapidement une solution pour éviter ce désagrément.

c) **Vous louez un appartement au rez-de-chaussée, côté rue, et chaque nuit, vous êtes dérangé(e) par le moteur des motos garées juste devant la fenêtre de votre chambre.**

Vous écrivez à votre propriétaire pour l'informer de cette nuisance et vous lui demandez de placer un panneau d'interdiction de stationner devant la façade de l'immeuble.

■ Écrire une lettre de motivation

Vous cherchez un emploi et vous venez de trouver cette petite annonce dans le journal de votre département :

URGENT

Ville de Levallois-Perret recherche puéricultrices pour halte-garderie

Ouverture septembre prochain.
Expérience et qualification exigées.
Envoyer lettre de motivation et CV à :

Maison de la petite enfance,
mairie de Levallois-Perret
75, rue Gabriel Péri
92 300 Levallois-Perret

Voici vos atouts professionnels :
– Bac en Sciences Médico-sociales 1995
– Brevet national de puériculture 1997
– 6 mois de stage dans une maternité 1998
– Emploi en Contrat à durée déterminée : 1 an dans une crèche municipale Montrouge 1999/ 2000.

Écrivez votre lettre de motivation sans oublier de mentionner vos qualités nécessaires pour ce poste.

■ Résumer

a) Lisez cet article paru dans *Le Nouvel Observateur* (12/10/2000) et recherchez ces informations.

Quatre questions sur...

... le premier anniversaire du Pacs

Quand le pacte civil de solidarité a-t-il été adopté ?
Il y a tout juste un an. Après presque dix années de discussions autour du statut légal du concubinage des couples homosexuels ou hétérosexuels, marquées par divers projets (contrats d'union civile, sociale, civile et sociale), et un ratage de la majorité plurielle en octobre 1998, l'Assemblée nationale adoptait la loi sur le Pacs le 13 octobre 1999. Après les réserves émises par le Conseil constitutionnel, la loi a été promulguée le 16 novembre 1999 et les premiers pactes presque aussitôt signés.

Combien de Pacs ont été enregistrés à ce jour ?
Selon les statistiques du ministère de la Justice, qui datent du 30 septembre dernier, un peu plus de 23 000 Pacs ont été enregistrés depuis la promulgation de la loi, ce qui concerne donc un peu plus de 46 000 hommes et femmes (à rapprocher des 285 000 mariages annuels). On note une véritable ruée sur le pacte au cours du premier semestre 2000 et un net tassement dans les mois qui suivent. Paris (intra-muros) arrive en tête avec 2 382 Pacs suivi de Toulouse (608), Grenoble (519), Lyon (471), Bordeaux (459), Nantes (446) et Marseille (353).

Château-Chinon a enregistré 3 Pacs et Sancerre un seul… À Paris, on a signé 268 pactes dans le 18ᵉ, 254 dans le 11ᵉ, 221 dans le 20ᵉ et seulement 56 dans le 16ᵉ.

Qui pacse ?

Les règles de confidentialité émises par la Commission nationale de l'Informatique et des Libertés interdisent de révéler le sexe ou l'origine sociale des pacsés. Pourtant, la grande surprise du Pacs, c'est qu'il a séduit autant les couples homosexuels que les hétérosexuels. Les tribunaux d'instance interrogés du nord au sud de l'Hexagone admettent confidentiellement que c'est moitié-moitié. Sauf à Paris, où la proportion de couples homos paraît nettement majoritaire.

Quel avenir pour le Pacs ?

En général, les profs de droit ne mâchent par leurs mots à l'endroit d'une loi bâclée, selon eux, et adoptée en l'état pour des motifs bien plus politiques que juridiques. Ainsi, en matière d'indivision (impossible d'y déroger entre pacsés) et surtout d'héritage (le pacsé n'est pas héritier), la loi génère des situations contraires à son objectif. Sans parler de l'imposition commune au bout de trois ans seulement. Une révision paraît déjà indispensable.

O.P.

– Le Pacs, c'est . . .
– Ce projet de loi date du . . .
– La loi a été promulguée le . . .
– Il concerne . . .
– Le nombre de Pacs en un an . . .
– Les faiblesses de cette loi . . .

b) Présentez en quelques lignes ce qu'est le Pacs.

c) Vous ne savez pas si ce type de loi existe dans votre pays. Vous écrivez à la mairie de votre ville pour avoir des informations sur ce sujet.

4 Rédiger une lettre de pétition

a) Lisez ces réactions d'adolescents concernant leur vie à Paris et distinguez les avantages et les inconvénients qu'ils y trouvent.

Paul 12 ans : « J'habite dans un quartier sympa, mon collège n'est pas loin donc j'y vais à pied. Mais ce que je déteste, c'est que le mercredi, quand on fait des courses de rollers sur les trottoirs (ma mère ne veut pas que j'en fasse sur la rue), on a toujours des problèmes avec les passants, les poussettes et les chiens. On a fait des pistes cyclables, alors, pourquoi pas des pistes de rollers ? »

Laura, 14 ans : « J'adore Paris parce qu'il y a plein de choses à faire : les cinés, les musées, les magasins, tout quoi ! Le seul problème, c'est que quand il y a beaucoup de voitures et qu'il fait beau, on a les yeux qui piquent. Mais il y a quand même un avantage, c'est que ces jours-là, avec le collège, on ne va pas au bois de Vincennes faire du sport ! »

Monica, 11 ans : « Il n'y a pas très longtemps qu'on habite à Paris. Avant, on vivait dans les Alpes. J'étais toujours dehors. Bien sûr, le dimanche on va à la campagne, mais quand on rentre, il faut des heures à cause des embouteillages sur l'autoroute. Non, même si j'ai une chambre avec un balcon, je préférais habiter à Annecy. »

Augustin, 13 ans : « Moi, j'adore le sport : le foot, le ping-pong, le tennis, le base-ball ; mais à Paris, ce n'est pas toujours facile de trouver un terrain pour jouer. Alors, le week-end, je reste à la maison et je fais des jeux vidéo de foot… mais c'est pas pareil, et mes parents ne me laissent pas jouer longtemps. »

Guillaume, 15 ans : « La semaine je ne sors pas sauf pour aller au lycée. Donc, je ne profite absolument pas de Paris. D'ailleurs, mes parents refusent que je sorte. Mais le samedi, je me balade avec des copains, on achète des disques, on va au ciné et on va dans des fêtes. Le seul problème, c'est qu'il n'y a plus de métro après une heure du matin, alors pour rentrer, on marche. Ça, c'est dur ! »

Avantages	Inconvénients

b) Les adolescents parisiens décident d'écrire une lettre de pétition au maire pour exprimer les raisons de leur mécontentement et leurs souhaits. Rédigez leur lettre.

Monsieur le Maire de Paris,

En ce début de millénaire, nous, adolescents vivant à Paris, ne sommes pas satisfaits de
....
....
Aussi, nous aimerions que ....
....

Les adolescents parisiens

Unité 10

🎧 Mattias Schluter et une copine sont entrés dans un restaurant pour dîner. Ils s'apprêtent à choisir une table.

Mattias – Tiens, qu'est-ce que tu dirais de cette table, là-bas ? Elle est dans un coin tranquille.

Pauline – Non, pas là, c'est un espace fumeurs.

Mattias – Écoute, ça te dérangerait que je fume une petite cigarette pendant le repas ?

Pauline – Mais enfin, je croyais que tu avais arrêté de fumer ! Tu m'avais promis !

Mattias – J'ai consulté un médecin. J'ai arrêté il y a deux mois. Mais avec tous mes problèmes d'examen, le stress, j'ai recommencé. Deux ou trois cigarettes par jour.

Pauline – Tu sais bien que je ne supporte pas qu'on fume à table.

Mattias – Ce n'est pas parce que tu ne fumes pas, que moi, je dois me priver d'une petite cigarette.

Pauline – Et moi, je n'ai pas à respirer de la fumée toute la soirée sous prétexte que tu as besoin de fumer. Non, j'en ai assez !

Mattias – Allons, ne te fâche pas ! Puisqu'on n'est pas d'accord, je te propose de prendre une table à la limite des deux espaces, entre les fumeurs et les non-fumeurs.

Pauline – Tu plaisantes, j'espère ! Moi, j'ai une meilleure solution : puisque tu ne veux pas arrêter de fumer, tu dînes ici, et moi chez moi.

Mattias – On se revoit quand ?

Pauline – Quand tu arrêteras de fumer… vraiment ! ■

 **Entraînez-vous**

1 « Puisqu'on n'est pas d'accord. »

a) Observez :
Puisque tu ne veux pas arrêter de fumer, je m'en vais.

b) Complétez ces phrases en utilisant les expressions proposées :
– Puisque l'espace non-fumeurs est complet...
– Puisque vous ne fumez pas...
– Puisque ma femme n'aime pas la campagne...

LA CAUSE (2)

■ La cause est le plus fréquemment exprimée par une proposition qui commence par **parce que**.

■ **Puisque, comme** introduisent des arguments particulièrement évidents.

> **Attention !**
> Les propositions introduites
> par *puisque, comme*
> sont en général placées
> **avant** la proposition principale.

c) Faites des phrases à partir des éléments suivants, en utilisant puisque **ou** parce que **(gardez l'ordre des éléments.) :**
– Ce n'est pas grave ; ce n'est pas la peine d'appeler les pompiers.
– Cet enfant a mal aux yeux ; il regarde trop la télévision.
– Vous n'avez pas respecté la priorité. Vous aurez une amende.
– Cet homme a été arrêté : il avait cambriolé une bijouterie.
– C'est un jeu de hasard ! On peut jouer n'importe quel numéro !
– Ce film fait l'unanimité. On devrait aller le voir.

2 « Ce n'est pas parce que tu fumes que... (je dois respirer de la fumée) »

a) Observez :
– Parce que tu fumes toi, moi je dois respirer de la fumée ! Pas question !
– Ce n'est pas parce que tu fumes que je dois respirer de la fumée.
– Je ne dois pas respirer de la fumée sous prétexte que tu fumes.

LA CAUSE (3)

■ Ce n'est pas parce que..., que... et sous prétexte que présentent des arguments que celui qui parle rejette.

---

b) Présentez les arguments suivants en les rejetant de la même manière :
– Vous êtes en retard : vous pouvez dépasser la vitesse autorisée.
– Le chien du voisin fait du bruit : le vôtre a le droit d'en faire aussi.
– La femme de votre meilleur ami déteste rester chez elle : votre femme doit travailler.
– Après votre travail, vous avez besoin de vous reposer : vous pouvez regarder la télévision toute la soirée.
– La pollution vous rend fou : vous avez le droit d'obliger votre famille à vivre à la campagne.

3 « Ça te dérangerait que je fume ? »

a) Observez :
– Ça te dérangerait que nous mettions un peu de musique ?
– Ça te dérangerait qu'on mette un peu de musique ?

b) De la même manière, demandez la permission de :
ne pas aller voir ce film.
– sortir ce soir.
– prendre la voiture.
– choisir une autre table.

4 « Je ne supporte pas qu'on fume à table ! »

a) Observez :
– Je trouve désagréable que vous fumiez à table !
– C'est scandaleux que tu ne tiennes jamais tes promesses !

b) Exprimez votre sentiment sur les faits suivants :
– Certaines personnes fument à table.
– Il boit plus d'une demi-bouteille de vin en mangeant.
– Patrick fait du 150 km/h sur l'autoroute.
– Les appartements parisiens sont très chers.
– Un salarié de 55 ans peut perdre son travail.
– Vous ne tenez pas compte des mesures pour protéger l'environnemment.

> **Attention !**
> Les adjectifs ou les verbes exprimant un sentiment
> ou une opinion se construisent avec le subjonctif :
>
> C'est un scandale ⎱ que...
> Il est scandaleux ⎰
>
> Je ne supporte pas que...
> Je ne trouve pas raisonnable que...
> Je trouve désagréable que...
> Je ne trouve pas normal que...

Test

Quelles sont vos chances d'arrêter de fumer ?

Vos points :

▌ Je vais consulter un médecin dans un centre antitabac
pour arrêter. .... 2 ☐

▌ J'ai déjà arrêté depuis plus d'une semaine. .... 1 ☐

▌ Actuellement, je n'ai pas de problèmes dans
mon travail et tout va bien dans ma vie de famille. .... 2 ☐

▌ Je veux être libre par rapport à la cigarette. .... 2 ☐

▌ Je fais du sport ou j'ai l'intention d'en faire. .... 1 ☐

▌ Je veux préserver mon aspect physique et être
en meilleure forme. .... 2 ☐

▌ J'ai de jeunes enfants. .... 2 ☐

▌ Je réussis toujours ce que je fais. .... 1 ☐

▌ Je suis d'un caractère calme et détendu. .... 1 ☐

Total : . . .

RÉSULTATS DU TEST

5 points et moins : Est-ce vraiment le moment ? Plus vous avez de problèmes dans la vie, plus la cigarette vous aide. Étant donné qu'actuellement vous n'allez pas très bien, peut-être vaudrait-il mieux attendre pour arrêter.

De 6 à 10 points : Prévoyez que ce ne sera pas toujours facile. Puisque vous voulez arrêter, faites-le mais vous traverserez des moments difficiles. En effet, ce n'est malheureusement pas parce que vous décidez d'arrêter que ça réussit. La volonté, c'est important, mais ça ne suffit pas !

11 points et plus : Vous avez de très grandes chances d'y parvenir. Comme vous avez une vie heureuse et équilibrée, et parce que vous prenez soin de vous, c'est le bon moment.

Courrier des lecteurs

Je fume depuis l'âge de 16 ans. Aujourd'hui, j'en ai 40 et je fume plus d'un paquet par jour. Je sais ce que je risque : le cancer des poumons ou de la gorge. Chaque soir, je me dis : demain, j'arrête, et tous les matins je prends ma première cigarette pour accompagner mon café. Pourtant, je ne suis pas un fumeur heureux : ma femme vient de me quitter sous prétexte qu'elle ne supportait plus la fumée et l'odeur de la cigarette. Aidez-moi !

Lucien, Cantal.

SOS Fumeur.

Puisque vous êtes un fumeur malheureux, pourquoi n'allez-vous pas consulter un médecin du centre antitabac de Saint-Flour ? Il vous aidera en vous conseillant certains moyens et il vous fera rencontrer d'autres personnes qui souhaitent arrêter de fumer. Dès que vous arrêterez de fumer, je suis sûr que votre femme reviendra vivre avec vous ; abandonner la cigarette représente une belle preuve d'amour.

Entraînez-vous

Vocabulaire

1 La santé.

Remplacez les mots en italique par des mots que vous connaissez :

Tu es malade, tu devrais *voir* un médecin. Il va te conseiller *des choses à faire* pour te soigner. Il te demandera d'aller chez *le marchand de médicaments*. Il faudra que tu *fasses le nécessaire pour ne plus être malade* et, dans quelques jours, tu *seras* mieux.

2 Les synonymes.

Retrouvez l'intrus dans les séries suivantes :
– cesser, arrêter, finir, suivre, abandonner.
– supporter, accepter, déranger, vouloir.
– voir, rencontrer, adopter, visiter, consulter.
– calme, détendu, stressé, équilibré.
– souhaiter, désirer, vouloir, refuser.

Grammaire

3 La cause.

LA CAUSE (4)

■ On peut aussi exprimer la cause par des expressions suivies d'un nom : **à cause de, en raison de, grâce à.**

Remarque : *grâce à* indique une cause positive.
À cause de la grève, il n'y a pas de trains.
En raison de la grève, il n'y a pas de trains.
Grâce à ce médecin, il va bien aujourd'hui.

■ Certains verbes expriment également la cause : **provoquer, causer, entraîner, occasionner.** Ils sont suivis d'un nom.
La pluie a provoqué des accidents sur la route.
La pluie a causé des accidents sur la route.
La pluie a occasionné des accidents sur la route.
La pluie a entraîné des accidents sur la route.

■ Le verbe **devoir** à la forme passive peut être utilisé pour exprimer la cause.
Cette maladie est due à la pollution.

---

a) L'expression de la cause. **Faites des phrases exprimant la cause. Employez les expressions entre parenthèses et faites les transformations nécessaires.**
Exemple : **Le médecin lui a donné des conseils et elle a retrouvé la forme (grâce à).**
➜ *Grâce aux conseils que lui a donnés le médecin, elle a retrouvé la forme.*

– Tu n'arrives pas à arrêter de fumer. Va consulter un médecin. *(puisque)*
– Tu as l'intention de maigrir : tu ne dois plus préparer les repas. *(ce n'est pas parce que... que)*
– Nous avons fait un gros dîner hier soir. Nous sautons le déjeuner aujourd'hui. *(à cause de)*
– Prenez quelques jours de vacances. Vous ne vous sentez pas en forme. *(comme)*
– Il fait du jogging tous les matins ; il est très en forme physiquement. *(grâce à)*
– Sophie commence un régime ; elle voudrait perdre quelques kilos. *(parce que)*
– Tu as arrêté de fumer. Tu manges toute la journée. *(sous prétexte que)*

b) Les verbes exprimant la cause. **Réécrivez ces phrases et employez des verbes exprimant la cause. Faites les modifications nécessaires. Variez les formulations.**
Exemple : **L'autoroute A13 est fermée : il y a eu un grave accident.**
➜ Un grave accident a provoqué la fermeture de l'autoroute A13.

– Un collégien a frappé un professeur ; le personnel du collège s'est mis en grève.
– Une bouteille de gaz a explosé hier soir : les dégâts sont importants.
– Elle prépare des examens difficiles ; elle est très stressée.
– Son père ne supporte pas la fumée : il souffre d'une maladie des poumons.
– L'entreprise a fermé ; beaucoup d'employés se retrouvent au chômage.
– Il y a beaucoup de violence dans les écoles : les conditions de vie sont difficiles.
– On pratique la circulation contrôlée et la pollution a baissé dans la ville.

4 La conséquence.

LA CONSÉQUENCE

■ La cause et la conséquence sont généralement liées.
■ Pour exprimer la conséquence, on peut employer : **si bien que, alors, aussi, c'est pourquoi, donc.**

– Dans ce cas, la cause précède la conséquence dans la phrase :
J'ai trop mangé hier soir, alors j'ai passé une mauvaise nuit.

– *Donc* se place souvent après le verbe :
J'ai lu tard, je n'ai donc pas beaucoup dormi.

– *Alors, aussi* et *c'est pourquoi* se placent au début de la phrase qui exprime la conséquence. (*Alors* est employé plus souvent à l'oral.)
Aussi entraîne l'inversion du sujet et du verbe. Il appartient à un niveau de langue plus soutenu.
Il est rentré tard ; aussi sommes-nous restés à la maison.

---

a) Soulignez les éléments qui expriment la conséquence :
– Elle se sent très fatiguée depuis quelques jours, alors elle va voir son médecin.
– Il a arrêté de fumer, aussi a-t-il pris cinq kilos en un an.
– Nous faisons souvent du sport, c'est pourquoi nous nous sentons en pleine forme.
– Mon fils a été malade la nuit dernière ; il n'est donc pas allé à l'école ce matin.
– Elle ne mange plus, si bien qu'elle maigrit.

b) Réécrivez ces phrases en remplaçant la cause par la conséquence. Variez les formulations.
– Comme Pierre s'est fait mal au bras, il est allé à l'hôpital.
– Elle est désolée ; elle ne viendra pas chez vous ce soir parce qu'elle a très mal à la tête.
– Ils ne nous ont pas téléphoné sous prétexte qu'ils étaient très occupés.
– Puisque vous passez trois jours à Bordeaux, nous vous invitons à dîner le soir qui vous convient.

Écrire

5 Conseils pour arrêter de fumer.

Voici une lettre parue dans un journal pour adolescents *Anticlop*, contre le tabac :

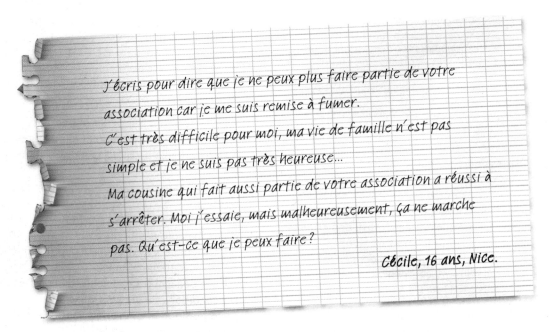

J'écris pour dire que je ne peux plus faire partie de votre association car je me suis remise à fumer.
C'est très difficile pour moi, ma vie de famille n'est pas simple et je ne suis pas très heureuse...
Ma cousine qui fait aussi partie de votre association a réussi à s'arrêter. Moi j'essaie, mais malheureusement, ça ne marche pas. Qu'est-ce que je peux faire ?

Cécile, 16 ans, Nice.

Répondez à cette jeune fille.
Donnez-lui des conseils et encouragez-la.

Écouter et parler

La colère et l'indifférence.

1 🎧 La colère. **Écoutez et imitez :**

– Non, mais, tu me prends pour qui ?
– Vous êtes complètement folle !
– Mais c'est incroyable, ça ! Pour qui vous prenez-vous ?
– Il n'est vraiment pas bien !
– J'en ai assez de vos histoires !
– Non, mais ! Qu'est-ce que ça veut dire ?
– Et vous voudriez que j'oublie tout ?
– Pour qui vous prenez-vous ?

2 🎧 L'indifférence. **Écoutez et imitez :**

– On va faire comme vous voulez !
– Ça m'est complètement égal.
– Je m'en moque !
– Ça ne m'intéresse pas.
– Faites pour le mieux !
– Je n'ai pas d'idée sur la question.
– Je vous laisse décider !

3 🎧 **Écoutez ces enregistrements et mettez une croix dans la bonne case :**

	1	2	3	4	5	6	7	8
COLÈRE								
INDIFFÉRENCE								

Parler

5 **À vous !**

a) Vous connaissez sûrement quelqu'un dans votre entourage, ami ou parent, qui a arrêté de fumer depuis quelques semaines. Mais ce soir, il a envie d'une cigarette. Mettez-vous en colère puis donnez-lui des conseils pour l'encourager dans ses efforts.

b) Que pensez-vous de ce dessin ?

Écouter

4 🎧 Radio-Santé.

Écoutez ce dialogue puis répondez aux questions suivantes :

a) C'est un dialogue :
  ❑ en direct
  ❑ au téléphone
  ❑ à la radio
  ❑ à la télévision.
b) À quel numéro peut-on joindre cet animateur ?
c) Quand M. Prévôt a-t-il arrêté de fumer ?
d) Dans quelle circonstance ?
e) A-t-il pris seul cette décision ?
f) Quel était le pari ? Il ne devait pas fumer avant :
  ❑ une semaine
  ❑ une prochaine sortie
  ❑ leur prochain dîner.
g) Est-ce que son copain a réussi ?
h) Quand on arrête de fumer, à quel moment est-ce le plus difficile ?
i) Par quelles habitudes a-t-il compensé l'envie de tabac ?
j) Quels bienfaits a-t-il constatés ?
k) A-t-il encore aujourd'hui envie de fumer ?
l) Que lui arrive-t-il de faire ?
m) Quel est le risque ?

L'AFM ET LE TÉLÉTHON 98

Les maladies génétiques sont transmises à l'enfant, dans ses gènes, dès sa naissance ; elles sont en général mortelles. Les plus courantes sont la myopathie qui touche les muscles et la mucoviscidose qui atteint les poumons.

La recherche sur ces maladies a progressé en France grâce à l'Association française contre les Myopathies (AFM), fondée en 1981. L'originalité de cette association de parents de malades est d'avoir un conseil scientifique décidant les orientations de la recherche.

Mais pour les mener à bien, il faut beaucoup d'argent, plus que ce que quelques parents et amis peuvent donner. En 1986, le président de l'association, Bernard Barataud, qui

est directement concerné par cette maladie – son fils en est mort et sa fille en souffre également – met en place une entreprise de grande envergure : le Téléthon. Pendant deux jours, grâce à la chaîne de télévision France 2, des centaines de gens, des sportifs, des artistes, des associations font tout pour collecter un maximum d'argent. Lancé le 6 décembre 1987, ce formidable mouvement de solidarité permet de rassembler 28 millions d'euros. D'autres Téléthon suivent, dont les bénéfices permettent de créer en 1990 le Généthon d'Évry, un laboratoire qui se consacre seulement aux maladies génétiques.

Aujourd'hui, les pouvoirs publics ont pris la suite de la recherche tandis que l'AFM s'occupe de soigner les maladies génétiques. Malgré les espoirs qu'elle a suscités, cette thérapie n'en est encore qu'à ses débuts. Il faut d'abord trouver des moyens efficaces. Avec le Téléthon 98, l'AFM fait l'ambitieux projet – La Grande Tentative – de mettre au point ces outils avec un programme de recherche sur cinq ans.

Alors, soutenons-les massivement en envoyant nos dons !

Les comptes de l'association

Le Téléthon 97 a permis de collecter 63 millions d'euros.

– 78,6 % des sommes rassemblées sont consacrées aux missions sociales, dont deux tiers à la recherche et un tiers aux malades.

– 10,2 % sont destinés aux frais de collecte.

– 11,2 % représentent les frais de gestion de l'association.

1 Lisez l'article puis répondez aux questions suivantes :

Compréhension globale

a) Quelles sont les différentes actions menées par l'AFM ?

b) Quel est le but du Téléthon ?

c) Comment cet événement se passe-t-il ?

d) À qui est destiné l'argent collecté ?

e) Quelles maladies génétiques sont mentionnées dans l'article et quelles parties du corps touchent-elles ?

Compréhension fine

f) Assemblez les expressions de sens voisin :

souffrir ● ● rassembler

fonder ● ● aider

collecter ● ● s'occuper de

transmettre ● ● travailler sur

mettre en place ● ● être atteint

se consacrer à ● ● donner

soutenir ● ● créer

g) Trouvez la ou les bonne(s) réponse(s) :

1. Les maladies génétiques sont des maladies que :
   ❏ l'on attrape quand on est enfant.
   ❏ le bébé a au moment de sa naissance.
   ❏ l'on guérit très souvent.

2. L'argent collecté grâce au Téléthon :
   ❏ est donné aux malades.
   ❏ est distribué aux artistes, aux sportifs et aux associations.
   ❏ sert aux équipes de médecins qui étudient ces maladies.

3. Actuellement, on :
   ❏ sait guérir ces maladies.
   ❏ cherche les moyens de guérir ces maladies.
   ❏ ne meurt plus de ces maladies.

h) Que signifient les expressions suivantes ?

1. Mener à bien des recherches.
   ❏ Faire réussir des travaux scientifiques.
   ❏ Organiser des mouvements de solidarité.
   ❏ Commencer des études scientifiques.

2. Il met en place une entreprise de grande envergure.
   ❏ Il crée un laboratoire.
   ❏ Il prépare un projet important.
   ❏ Il fonde une société de recherche.

3. Malgré les espoirs qu'elle a suscités, cette thérapie n'en est encore qu'à ses débuts.
   ❏ On croit beaucoup dans ces recherches et elles avancent très vite.
   ❏ Ces recherches font espérer beaucoup de gens mais on commence tout juste à soigner ces maladies.
   ❏ On souhaite commencer bientôt des recherches sur ces maladies.

4. L'AFM fait l'ambitieux projet de mettre au point ces outils.
   ❏ Elle veut travailler pour découvrir les remèdes.
   ❏ Elle veut devenir très connue dans le monde entier.
   ❏ Elle souhaite fabriquer des voitures électriques pour les malades.

Écrire

2 Vous n'avez pas pu participer au Téléthon. Vous écrivez aux organisateurs pour avoir des renseignements sur le budget (coût de la collecte de fonds, frais de gestion), sur les résultats obtenus et sur les projets. Vous félicitez les organisateurs.

Unité 11

🎧 Dans un grand magasin, Pierre Chardin et son amie, Litza, font des achats.

Litza – Tiens, c'est une semaine de promotions : il y a des rabais sur tout ! 10 % sur les ordinateurs, 15 % sur les produits de beauté, 10 % sur les bijoux, c'est fantastique !

Pierre – Il y a même des rabais sur les pellicules photos. Ça tombe bien ! Pardon, mademoiselle, la pellicule est à combien ?

La vendeuse – 8 euros.

Pierre – Mais, c'est le prix habituel ! Je croyais qu'elles étaient en promotion !

La vendeuse – Ah non. Pour bénéficier de la promotion, il faut en acheter deux.

Pierre – Et j'ai quelle réduction, pour deux pellicules ?

La vendeuse – Comptez vous-même. Les deux font 14 euros. Elles étaient à 8 euros pièce. En achetant deux pellicules, vous gagnez 2 euros.

Pierre – En fait je n'ai besoin que d'une pellicule. En achetant deux pellicules, je dépense 6 euros de plus que prévu.

La vendeuse – Mais vous avez deux pellicules !

Pierre – Oui, mais pour que ce soit vraiment intéressant, il faudrait faire une réduction sur une seule pellicule ou m'offrir l'équivalent de 6 euros…

La vendeuse – Non, mais, vous n'y pensez pas !

Pierre – Vous savez, l'incitation à la dépense, c'est grave !

La vendeuse – Comment ça ?…

Pierre – Vous risquez des poursuites… Ça peut aller très loin !

La vendeuse – Mais enfin, c'est inimaginable ! C'est une technique de promotion tout à fait normale.

Pierre – Non, non. C'est de la publicité mensongère. C'est une technique frauduleuse.

La vendeuse – Mais vous travaillez pour la répression des fraudes, ou quoi ?

Litza – Là, madame, vous n'y êtes pas ; il a fait des études dans une école de publicité. ∎

 **Entraînez-vous** •

1 «Pour que vous ayez la réduction.»

a) Observez :
– Je vous vends deux CD pour que vous ayez la réduction.
– Achetez deux CD pour avoir la réduction.

LE BUT (1)

■ Il s'exprime par :
– **pour que** suivi du subjonctif,
– **pour** + infinitif.
On utilise **pour** suivi de l'infinitif lorsque le sujet de la principale et celui de la complétive sont les mêmes.

■ **Remarque :** *pour que…, il faut que…* expriment une condition nécessaire à la réalisation d'un objectif.

---

b) Complétez les phrases suivantes en utilisant les éléments proposés :
● Les contrôles de véhicules, c'est fait pour que les conducteurs… (conduire moins vite, faire vérifier leur véhicule, ne pas boire d'alcool avant de prendre le volant, être plus prudent, avoir moins d'accidents).
● La campagne contre le tabac, c'est fait pour que vous… (avoir la volonté d'arrêter, penser à votre famille, se sentir mieux, être libre).

2 «En achetant deux pellicules, je dépense 6 € de plus.»

a) Observez :
– En achetant deux CD, vous payez moins.
– Si vous achetez deux CD, vous payez moins.

«EN» + PARTICIPE PRÉSENT (rappel)

■ Il marque le temps, la cause, le moyen, la condition.

■ Attention : le sujet du participe présent doit être le même que celui du verbe principal.

---

b) Faites des phrases sur le même modèle, en utilisant les éléments suivants :
– Faire ses courses aujourd'hui / bénéficier des promotions.
– Aller dans un supermarché / faire des économies.
– Choisir mieux ce qu'on achète / réduire ses dépenses.
– Offrir un CD / faire plaisir.

3 «Je croyais qu'elles étaient en promotion!»

a) Observez :
– Il n'y a pas de zone non-fumeurs ? Je croyais qu'il y en avait une !

b) Exprimez de la même manière votre étonnement sur les faits suivants. (Attention aux pronoms !)
– Ce magasin ne fait pas de promotions ?
– Vous n'avez pas ces bijoux ?
– Vous ne faites pas de réduction sur les tee-shirts ?
– On n'interdit pas ces techniques de promotion ?
– Vous ne voulez pas de pellicules ?

4 «10% sur les ordinateurs.»

a) Observez :

1 tee-shirt 9 €
2 tee-shirts 15 €
3 tee-shirts 18 €

En achetant deux tee-shirts, vous payez 15 € au lieu de 18 €.
Vous payez chaque tee-shirt 8 €.
Vous gagnez 2 € sur chaque tee-shirt.

ET VOUS AVEZ TROIS TEE-SHIRTS POUR LE PRIX DE DEUX !

b) Imaginez des phrases de promotion à partir des éléments suivants :

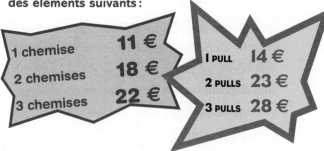

1 chemise 11 €
2 chemises 18 €
3 chemises 22 €

1 PULL 14 €
2 PULLS 23 €
3 PULLS 28 €

c) Monsieur Dubois cherche un pull rayé. Il voit cette promotion et il achète trois pulls, mais il n'y a pas de pull rayé. Madame Dubois s'étonne. Elle s'indigne contre la publicité. Imaginez le dialogue.

Courrier des lecteurs

DANS UNE FOIRE COMMERCIALE, J'AI ACHETÉ UN BUREAU ET J'AI VERSÉ UN ACOMPTE. UNE FOIS RENTRÉ CHEZ MOI, J'AI REGRETTÉ MON ACHAT. J'AI VOULU ANNULER MA COMMANDE DANS LES SEPT JOURS QUI ONT SUIVI MAIS LE VENDEUR M'A RÉPONDU QUE CE DÉLAI NE POUVAIT PAS ÊTRE RESPECTÉ DANS LE CAS PRÉSENT. A-T-IL RAISON ?

* 35 francs = 5 euros

– Oui, car contrairement à ce qu'on croit souvent, il n'y a pas de délai pour annuler une vente effectuée dans une foire ; la vente est donc définitive. Mais si vous pouvez apporter la preuve que vous êtes allé sur le stand du vendeur après une invitation ou un coup de téléphone de sa part, dans ce cas, vous pouvez bénéficier d'un délai de huit jours pour annuler votre achat. En revanche, passé ce délai, vous ne pouvez plus annuler votre commande.

AYANT REÇU UNE PUBLICITÉ DU SUPERMARCHÉ DE MON QUARTIER, J'Y SUIS ALLÉE AFIN DE BÉNÉFICIER DES BONNES AFFAIRES ANNONCÉES, MAIS JE NE LES AI PAS TROUVÉES. AU RAYON ÉPICERIE, IMPOSSIBLE DE TROUVER LE CAFÉ EN PROMOTION (30 F* LES QUATRE PAQUETS).
AU RAYON BEAUTÉ, UNE GRANDE AFFICHE ANNONÇAIT : « 4 SAVONS + 1 GRATUIT POUR 12,50 F*. »
TOUS PARTIS ! JE CROYAIS QU'UN COMMERÇANT ÉTAIT OBLIGÉ DE VENDRE TOUT CE QUI ÉTAIT AFFICHÉ.
EST-CE DE LA PUBLICITÉ MENSONGÈRE ?

– Une publicité a pour objectif d'informer les clients. Or, ce magasin peut être poursuivi car une loi interdit à un commerçant d'annoncer des réductions de prix sur des articles qui ne sont plus disponibles à la vente. De plus, un commerçant qui vend des produits à des prix supérieurs à ceux affichés est coupable de publicité mensongère. Vous pouvez donc porter plainte contre ce magasin qui est en infraction.

* 30 francs = 5 euros
   12,50 francs = 2 euros

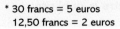

Entraînez-vous

Vocabulaire

1 L'argent.

a) Retrouvez les verbes correspondant aux noms suivants :

NOMS	VERBES
une offre	. . .
une vente	. . .
un achat	. . .
une poursuite	. . .
un versement	. . .
une information	. . .
une commande	. . .
une dépense	. . .

b) Retrouvez, dans la page ci-contre, trois mots qui signifient qu'un produit est vendu à un prix inférieur au prix habituel.

2 La vente et la loi.

Complétez ces phrases par les mots suivants : verser un acompte, rayon, gratuit, effectuer, porter plainte, poursuivre, un délai, annuler, annonce, article, offrir, disponible, bénéficier, affiche, publicité mensongère, offre.

● Du 4 au 11 janvier, vous pouvez . . . de réductions intéressantes sur le rayon Maison.

● Si le prix d'un article est différent de celui . . . par la publicité, il faut . . . contre le directeur du magasin pour . . .

● Pour . . . l'achat d'un appartement, vous devez . . . de 10 % du prix total. Vous perdez cette somme si vous dépassez un . . . d'un an.

● Le service des fraudes est chargé de . . . les commerçants qui ne respectent pas la loi.

● Pour . . . une commande, ne dépassez pas un délai de sept jours.

● J'ai lu une . . . proposant deux . . . pour le prix d'un. Alors vous m' . . . le deuxième pull ?

● Au . . . des produits laitiers, il y avait une . . . spéciale ce matin : un fromage . . . pour l'achat de deux.

● Je suis désolée, Madame, ce modèle n'est plus . . . en magasin en ce moment. Nous avons tout vendu !

Grammaire

3 Le but (suite).

LE BUT (2)

■ Pour exprimer le but, on peut employer les expressions suivantes :

– quand les verbes ont le même sujet :
afin de ou **de façon à** + infinitif.
Lisez bien cette affiche afin de dépenser moins / de façon à dépenser moins.

– quand les verbes ont deux sujets différents :
afin que ou **de façon que** + subjonctif.
Prenez cette publicité afin qu'on vous fasse la réduction de 5 % / de façon qu'on vous fasse la…

Remarque : *afin de* et *afin que* s'emploient plus à l'écrit. *De façon à* et *de façon que* s'emploient plus à l'oral.

■ On peut aussi employer d'autres expressions suivies d'un verbe à l'infinitif telles que : **avoir pour objectif de, dans le but de, de manière à**.

Complétez ces phrases exprimant le but à l'aide des éléments fournis. Faites les transformations nécessaires.

– Nous avons choisi ce supermarché afin . . . . *(nous / bénéficier de certaines promotions)*

– Vous faites de la publicité pour . . . . . . *(les clients / venir plus nombreux)*

– Je verse un acompte de façon . . . *(nous / . . . réserver trois places pour ce voyage au Maroc)*

– Cette affiche a pour objectif . . . . . . *(elle / faire respecter la nature)*

– Nous affichons nos articles en promotion pour . . . *(nous / les vendre plus rapidement)*

– Elle passe sa commande maintenant de façon . . . *(sa table / arriver samedi prochain)*

– J'ai porté plainte contre ce commerçant afin. . . *(il / faire plus attention à ses prix)*

– N'attendez pas plus d'une semaine de manière . . . *(vous / pouvoir annuler votre commande)*

– Téléphone au magasin pour . . . *(tu / savoir si l'article est disponible)*

– Versez un acompte pour . . . *(votre commande / être définitive)*

4 Les propositions participiales au présent.

PARTICIPE PRÉSENT ET PROPOSITION PARTICIPIALE

■ Le participe présent peut être :

– apposé au sujet du verbe de la principale, si le sujet est commun :
Ne pouvant me renseigner, le vendeur a appelé un responsable.

– intégré à une proposition dite participiale quand les deux sujets sont différents :
Le vendeur ne pouvant me renseigner, j'ai appelé un responsable.

■ Le participe présent ou la proposition participiale expriment le plus souvent la cause.

Transformez ces phrases en employant des participes présents ou des propositions participiales :

– Ma sœur travaille dans cette agence de voyages ; on lui propose des réductions intéressantes.

– Mes parents ont beaucoup de temps libre ; ils visitent souvent des expositions de peinture.

– Ils ont une grande famille ; ils font leurs achats dans un supermarché intéressant.

– Je ne lis pas les publicités ; je ne connais pas les articles en promotion.

– Les promotions sont terminées ; je n'achète plus rien dans les grands magasins.

– Les clients ont porté plainte contre le directeur : le supermarché a fermé le mois dernier.

5 Le gérondif (suite).

LE GÉRONDIF (2)

■ Le gérondif peut aussi exprimer la condition :
– *En arrêtant de fumer, tu serais en meilleure santé.*
– *Tu arriveras plus vite en prenant les transports en commun.*

Réécrivez ces phrases en employant des gérondifs :

– S'ils achètent cette voiture en promotion, ils feront une bonne affaire.

– On peut obtenir un rabais quand on est un bon client.

– Pour pouvoir acheter leur appartement, mes parents ont emprunté de l'argent à la banque.

– Je dépenserai tout mon salaire et j'offrirai ce bijou à ma femme.

– Si ces commerçants annonçaient des prix plus intéressants, ils augmenteraient le nombre de leurs clients.

– La vendeuse ne respecte pas la loi si elle t'oblige à signer ce contrat.

– Vous faites de la publicité mensongère si vous annoncez des prix que vous ne respectez pas !

– Si on fait un achat dans une foire commerciale, on ne peut pas annuler sa commande.

– Si vous versez un acompte, vous ne pourrez plus annuler votre commande !

– Ils bénéficieront d'une réduction intéressante s'ils montrent leur carte d'étudiant.

Écrire

6 Écrire pour se plaindre.

Lisez cette publicité :

DU 15 AU 22 JANVIER

Ventes promotionnelles
Réduction de 40 % sur tout notre stock
de vêtements de femmes

vestes **46 €**

tailleurs **76 €**

pulls et chemisiers à partir de **23 €**

robes **69 €**

CHEZ CHICACTUEL, 25, RUE DE LA MAIRIE

Vous êtes allé(e) dans le magasin. Vous n'avez pas trouvé les articles annoncés dans cette publicité. Vous écrivez pour vous plaindre.

Écouter et parler

La menace et l'incompréhension.

1 🎧 La menace. **Écoutez et imitez :**

– Ça ne se passera pas comme ça !
– Oh, mais vous risquez des poursuites.
– Et vous croyez que je vais me laisser faire !
– Vous allez entendre parler de moi.
– À votre place, je parlerais autrement !
– Vous devriez faire attention à ce que vous dites !
– Non, mais vous savez à qui vous parlez ?
– Je vous assure que cette affaire n'est pas finie !

2 🎧 L'incompréhension. **Écoutez et imitez :**

– Non, vraiment, je ne vois pas.
– Excusez-moi mais je n'ai pas bien compris.

– Vous pouvez répéter ?
– Sincèrement, je n'y comprends rien.
– Ça ne me paraît pas très clair !
– Je ne vois pas du tout.
– Qu'est-ce que vous entendez par là ?
– Vous pouvez m'expliquer ?
– C'est bien simple ; je n'ai absolument rien compris.

3 🎧 **Écoutez et mettez une croix dans la bonne case :**

	1	2	3	4	5	6	7	8
MENACE								
INCOMPRÉHENSION								

Écouter

4 🎧 Où achetez-vous vos vêtements ?
Écoutez ces quatre dialogues puis remplissez la grille :

	La femme	L'homme	La jeune fille	L'adolescent
Qui achète ses vêtements ?	. . .	. . .	. . .	. . .
Où ?	. . .	. . .	. . .	. . .
Quand ?	. . .	. . .	. . .	. . .
Avantages	. . .	. . .	. . .	. . .
Inconvénients	. . .	. . .	. . .	. . .

5 🎧 À quoi sert l'argent ? **Écoutez ces enregistrements puis répondez aux questions suivantes :**

Parmi ces personnes : Patricia, Mme Leroi, M. Léon, Antoine et Émilie :

a) Qui a beaucoup d'argent ?
b) Qui en voudrait plus ?
c) Qui fait des économies ?
d) Qui ne travaille pas ?
e) Comment vit aujourd'hui M. Léon ? Pourquoi ?
f) Comment Émilie a-t-elle de l'argent ?
g) Comment l'utilise-t-elle ?
h) Que fera peut-être Mme Leroi plus tard ?
i) Comment Antoine vit-il ?
j) Que souhaite-t-il ?

Parler

6 À vous !

Regardez cette publicité. Peut-être faut-il se méfier des achats à crédit. Qu'en pensez-vous ?

N'ATTENDEZ PLUS !

Changez de voiture
Partez en voyage
Offrez-vous le salon de vos rêves
Faites plaisir à vos proches
Ne vous refusez plus rien…

Avec la carte de crédit ATOUPRIX, tout vous est permis !
Crédit à la consommation 15 %
Renseignez-vous auprès de nos bureaux.

COMMENT SE FAIRE BIEN CONSEILLER...

"Tout allait bien, jusqu'au jour où on a décidé d'acheter notre maison. Nous devions rembourser 900 € par mois, alors qu'on en gagnait tout juste 2400. On a donc commencé à compter. Je me suis mise à comparer les prix au supermarché, on a arrêté d'aller au restaurant et pendant deux ans, on n'est pas partis en vacances pour faire nous-mêmes des travaux dans la maison. Mais on tenait le coup, tant bien que mal, et on ne regrettait rien : on était contents d'avoir une maison bien à nous ! Et puis Jean a eu son accident. Après six mois d'arrêt, il s'est rendu compte qu'il ne pouvait pas reprendre son ancien poste... Aujourd'hui, la situation est vraiment grave. Avec mon salaire et les allocations de Jean, on n'y arrive plus. On est complètement surendettés. Que faire ?"

Nicole D.

■ Le cas de Nicole D. n'est malheureusement pas isolé. En effet, depuis 1989, 620 000 couples ont déposé une demande de plan de redressement à la Commission de surendettement.
Comment en sont-ils arrivés là ? Les conditions sociales et professionnelles précaires sont les premières responsables. Mais les opérations bancaires, devenant plus compliquées, en sont aussi la cause. Les gens ne sont pas toujours bien informés ! En effet, les décisions en matière d'argent nécessitent aujourd'hui de solides conseils... Ainsi, des associations composées de professionnels de la finance peuvent les aider. Non contentes de défendre leurs membres, elles peuvent aussi les conseiller pour choisir banque, forme de crédit, assurance... Elles ont un avantage certain par rapport aux banques : l'argent ne les intéresse pas !

VOICI QUELQUES CONSEILS POUR ÉVITER LE SURENDETTEMENT

Crédits : sachez écouter votre banquier !

Si votre banquier vous refuse un crédit, vous avez envie d'aller voir son concurrent, qui acceptera peut-être plus volontiers, par intérêt commercial ou pour avoir un nouveau client. Grosse erreur : votre banquier connaît bien votre situation bancaire, vos rentrées d'argent, votre taux d'endettement, qui ne doit pas dépasser 30 % de votre salaire, le montant de votre loyer... Il sait si un nouveau crédit est raisonnable ou non.

Achats : attention aux frais secondaires !

Une erreur courante consiste à oublier que ce que l'on veut acheter (voiture, ordinateur...) ne s'utilise pas seul. Assurances, essence, carte grise, CD-Rom... constituent des frais supplémentaires qui augmentent terriblement le prix d'un produit. Cas extrême : les téléphones portables vendus « un franc » par certains magasins. On croit à la bonne affaire mais on oublie un peu vite que l'abonnement, lui, n'est pas offert !

Accidents de la vie : essayez de les rendre moins lourds !

Si vous êtes chômeur, dès le début, changez vos habitudes en réduisant vos dépenses : consommations au café, journal, cigarettes, et préférez les transports en commun à la voiture...
En cas de divorce, les frais de justice s'accompagnent d'autres dépenses : on sort plus souvent pour se changer les idées et donc on dépense plus...

Consommation : résistez aux offres envahissantes !

La tentation est permanente : dans les grandes surfaces qui nous suggèrent de payer en quatre fois sans frais, dans les publicités qui nous proposent de ne payer que dans six mois, dans les prospectus des établissements de crédit qui promettent de « nous donner 4 500 euros tout de suite sans demander de garanties » – mais à un taux très important, indiqué en tout petit. Alors méfiez-vous car derrière les sourires se cachent parfois des poursuites !

1 Lisez cet article puis répondez aux questions suivantes :

Compréhension globale
a) Quel est le sujet principal de l'article ?
b) À qui s'adresse-t-il ?
c) Pourquoi faut-il avoir peur de la consommation ?
d) Qui peut vous aider ?
e) Faut-il seulement tenir compte du prix d'achat d'une voiture ? Pourquoi ?
f) Dans quelles situations de la vie l'argent peut-il devenir un grave problème ?
g) Quels sont les moyens utilisés pour pousser les gens à consommer ?

Compréhension fine
h) Assemblez les expressions de sens proche :

être surendetté ●	● faire attention
nécessiter ●	● comprendre
se rendre compte ●	● conseiller
se changer les idées ●	● penser à autre chose
résister ●	● lutter contre
suggérer ●	● avoir besoin
se méfier ●	● devoir beaucoup d'argent

i) Qu'est-ce que...

1. Un plan de redressement :
   ❏ une étude pour aider les gens qui ont des problèmes d'argent
   ❏ le dessin d'une maison.

2. Des allocations :
   ❏ un salaire
   ❏ une somme d'argent qui aide les personnes en difficulté.

3. Une situation précaire :
   ❏ une situation qui peut durer
   ❏ une situation qui peut changer.

4. Un prospectus :
   ❏ un document publicitaire
   ❏ une lettre administrative.

j) Que signifient les phrases suivantes ?

1. On tenait le coup, tant bien que mal.
   ❏ Ce n'était pas toujours facile mais on continuait.
   ❏ On avait mal et on arrêtait.
   ❏ Certains jours ça allait bien, d'autres mal.

2. Non contentes de défendre leurs membres...
   ❏ Elles ne sont pas heureuses d'aider leurs membres.
   ❏ Les membres ne sont pas satisfaits de ces associations.
   ❏ En plus de soutenir leurs membres, elles...

3. Il sait si un nouveau crédit est raisonnable ou non.
   ❏ Il peut dire si vous pouvez demander un autre crédit.
   ❏ Il vous propose un crédit plus intéressant.
   ❏ Il vous conseille de prendre un crédit supplémentaire.

4. La tentation est permanente.
   ❏ On nous donne tout le temps et partout envie de consommer.
   ❏ On essaie de faire des choses toute la journée.
   ❏ On voudrait faire des tentatives.

5. On nous propose de ne payer que dans six mois.
   ❏ On doit payer avant six mois.
   ❏ Tout doit être payé dans six mois.
   ❏ On paie seulement six mois plus tard.

6. Un taux indiqué en tout petit.
   ❏ Un intérêt très faible.
   ❏ Un pourcentage écrit en petites lettres.
   ❏ Un taux très intéressant.

Écrire

2 C'est bien d'acheter à crédit. Qu'en pensez-vous ?

Unité 12

🎧 Une école de langues vient de s'installer dans le quartier.
La secrétaire appelle Nicolas Vasseur pour lui proposer des cours gratuits.

La secrétaire – Bonjour monsieur.

Nicolas – Bonjour madame.

La secrétaire – Je me présente, Alice Dubois. Nous venons d'ouvrir une école de langues à Rennes, et je suis heureuse de vous annoncer que vous avez été sélectionné : nous avons un cadeau pour vous !

Nicolas – Un cadeau ?

La secrétaire – Oui, nous avons le plaisir de vous offrir dix heures de cours gratuits pour apprendre la langue de votre choix : anglais, allemand, italien…

Nicolas – C'est très aimable, madame, mais je n'ai pas envie d'apprendre une langue étrangère. D'ailleurs, j'en connais déjà deux !

La secrétaire – Mais monsieur, dans le monde d'aujourd'hui, on ne connaît jamais assez de langues ! Apprendre des langues, c'est nécessaire pour l'épanouissement personnel…

Nicolas – Je sais, je sais…

La secrétaire – Et puis, il faut toujours se perfectionner. Nous avons d'ailleurs d'excellentes méthodes. Bien que nos élèves soient toujours très libres, très autonomes, ils sont bien encadrés, par d'excellents professeurs. Leurs cours sont rigoureux et motivants. Vous travaillez à votre rythme mais vous avez des évaluations régulières.

Nicolas – Mais, à supposer que j'aie le temps d'y consacrer dix heures, ça m'étonnerait qu'on puisse apprendre une langue en si peu de temps !

La secrétaire – Enfin, monsieur, il ne s'agit pas d'apprendre, mais de s'initier, pour avoir envie d'aller plus loin.

Nicolas – Attendez, réflexion faite, ça m'intéresserait peut-être : j'aimerais suivre des cours de grec.

La secrétaire – De grec ? Ah, monsieur, je suis désolée de vous décevoir mais nous n'avons pas de professeur de grec…

Nicolas – Justement, je pourrais peut-être vous aider : ma femme est grecque. Vous l'engagez et vous m'offrez dix heures de cours… ■

 **Entraînez-vous** •

1 « Bien que vous soyez très libre... »

a) Observez :

– Bien que je ne sache parler aucune langue
étrangère, j'aime voyager et j'ai beaucoup d'amis
étrangers.

– Je ne sais parler aucune langue étrangère,
et pourtant j'aime voyager et j'ai beaucoup
d'amis étrangers.

– Malgré mon manque d'expérience en langues
étrangères, j'aime voyager.

LA CONCESSION

■ La concession peut être marquée par :
– **pourtant, cependant, malgré tout** qui lie deux phrases ;
– **bien que** + subjonctif ;
– **malgré** + nom.

---

b) Transformez en utilisant bien que.

– On m'offre un cours ; pourtant je n'ai pas envie
d'apprendre une langue.

– Il y a un professeur ; cependant les élèves
sont très libres.

– Les cours sont rigoureux, et pourtant motivants.

– La séance finit très tard ; mais je resterai jusqu'à
la fin.

– Ma femme apprend très vite, mais elle
a abandonné son cours de langue.

– Nous avons d'excellentes méthodes,
et pourtant cet élève ne s'intéresse à rien.

2 « À supposer que j'aie le temps... »

a) Observez :

– Même si j'ai du temps, je n'y arriverai pas.

– Même si j'avais du temps, je n'y arriverais pas.

– Même si j'avais eu du temps, je n'y serais pas arrivé.

– À supposer que j'aie du temps, je n'y arriverai(s) pas.

LA CONCESSION CONDITIONNELLE

■ Pour marquer une concession sans être sûr
de la réalité du fait présenté, on emploie :
– **même si** + indicatif,
– **à supposer que** + subjonctif.

■ **Remarque :** *même si* suit les mêmes règles
que la proposition de condition introduite par *si*.
La principale est au présent, au futur, ou au
conditionnel présent ou passé, selon le degré de
réalité du fait énoncé.

**b) Faites des phrases sur ce modèle, en
utilisant les termes proposés :**

– être sélectionné / ne pas prendre le cadeau / il.

– bénéficier d'un cours gratuit / ne pas
apprendre cette langue / vous.

– vouloir se perfectionner / ne pas suivre
de cours / je.

– s'installer dans le quartier / ne pas habiter
dans cet immeuble / nous.

– s'inscrire dans ce cours d'espagnol / ne pas y
consacrer 10 heures par semaine / tu.

– choisir cette méthode / ne pas étudier seul / on.

– prendre des cours d'allemand / ne pas bien
parler à la fin de l'année / elle.

3 « Ça m'étonnerait qu'on puisse
apprendre... »

a) Observez :

– Tu penses que cette veste irait à ma femme ?

– Non, ça m'étonnerait que ça lui aille.

**b) De la même manière, exprimez votre doute
sur les phrases suivantes :**

– Tu crois qu'une maison à la campagne
conviendrait à tes enfants ?

– Tu penses que les magasins sont encore
ouverts à cette heure ?

– Tu es sûr que ton fils obtiendra ce prêt ?

– Vous pensez qu'on peut stationner ici ?

– Vous croyez qu'on sera nombreux dans le
cours ?

– Vous êtes sûr qu'il fait des progrès ?

– Tu es sûr qu'il ira étudier à Boston ?

– Vous croyez qu'elle comprend bien la radio
anglaise ?

4 À vous !

Imaginez le dialogue :

Un ami suit des cours de langue depuis un mois.

Il essaie de vous persuader de l'accompagner.

Vous n'êtes pas très enthousiaste.

Vous posez des questions (rythme, professeur,
méthode, prix, objectifs).

Il vous propose de suivre une heure de cours pour
essayer.

Si vous n'aviez pas déjà parlé une langue étrangère, vous auriez pu l'apprendre ainsi !

Bien qu'il ne soit pas facile de parler une langue étrangère, le plus difficile aujourd'hui est peut-être de choisir parmi toutes les méthodes disponibles sur le marché. Qu'est-ce qui marche le mieux ? Tout dépend des gens, de leur disponibilité, de leur motivation et de leur caractère ! Voici donc quelques méthodes plus originales que les écoles… leurs résultats sont parfois aussi étonnants !

PAR TÉLÉPHONE

Bien adaptée aux besoins professionnels, cette méthode permet d'apprendre à la maison ou au bureau à un rythme qui vous convient. Un aimable correspondant vous invite à parler avec lui en anglais (ou en italien, en russe, en japonais, en espagnol) pendant une demi-heure, à 7 heures et demie du matin comme à 8 heures du soir. Environ 30 euros la séance.

Notre avis : Vous trouvez peut-être que c'est un peu cher ! Vous avez raison, mais à supposer que vous ayez, dans votre vie professionnelle, des relations avec des étrangers, cette méthode vous conviendra parfaitement.

LES CLUBS DE CONVERSATION

Cela ressemble à une salle de gym pour langues vivantes. Il est 20 heures. Ici et là, à deux, à trois – jamais plus de quatre – des petits groupes discutent dans une atmosphère détendue. Une étudiante, un directeur d'agence de voyages, un médecin se racontent des choses en anglais, en espagnol, en italien ou en allemand. Il y a deux ans que le directeur de Konversando a créé ce club d'échanges linguistiques où il a mis tout ce qu'il aime : les langues, le monde de l'entreprise et les relations publiques. Après un test de langue (8 €), et une inscription (23 €) pour un mois, on est admis à discuter avec des gens sympathiques qui, comme vous, veulent perfectionner leurs langues étrangères autour d'un petit café offert par le club. Konversando permet aussi à des étrangers d'apprendre le français. « Rencontrer des Parisiens, ce n'est pas toujours facile » remarque une étudiante brésilienne qui trouve cette formule moins stricte qu'une école de langue traditionnelle. La faiblesse de ce club dépend de ce qui fait son charme : son caractère improvisé. Cependant, pour organiser les groupes, il n'y a pas toujours l'Italien ou l'Allemand attendu. À 10 heures du soir, quelques « Konversandistes » sont encore là et ils finiront leur conversation dans un café, en attendant la soirée « pizza cosmopolite » du vendredi soir.

Entraînez-vous

Vocabulaire

1 L'apprentissage et la communication.

Classez les verbes suivants selon ces deux catégories de l'apprentissage et de la communication : échanger, s'initier, se perfectionner, apprendre, discuter, raconter, s'intéresser, dire, étudier, parler, communiquer.

2 Le cours et l'élève.

Classez ces adjectifs selon qu'ils qualifient la méthode ou l'élève (parfois les deux) : motivant, original, régulier, autonome, vivant, motivé, adapté, disponible, rigoureux, détendu.

Grammaire

3 La concession.

Complétez ces phrases par : même si, bien que, pourtant, cependant, malgré, à supposer que.

– ... l'anglais est la première langue étrangère en France, 63 % des Français ne peuvent pas le parler.
– ... les langues étrangères soient apprises dans les écoles, les jeunes trouvent difficile d'échanger avec les étrangers.
– En Europe, on étudie plusieurs langues ; ... on parle surtout l'anglais.
– ... cette école ait d'excellents professeurs, il y a moins d'élèves cette année.
– Ma sœur parle de mieux en mieux l'italien ; ... je ne la vois jamais travailler.
– ... tu suives des cours par téléphone, il faudrait que tu apprennes la grammaire tout seul.
– Tu partiras faire un séjour linguistique en Angleterre ... ta nouvelle envie d'étudier l'espagnol.
– ... des cours dynamiques, il ne peut toujours pas tenir une discussion en allemand !
– Cette méthode est très rigoureuse ; ... j'ai l'impression de ne pas faire de progrès.
– ... sa motivation, il ne va pas assez régulièrement à ses cours.

4 Les propositions participiales au passé.

Remplacez les expressions en italique par des propositions participiales. Faites les modifications nécessaires.
– *Comme j'ai appris l'anglais aux États-Unis*, je ne comprends pas bien les gens à Londres.
– *Ils ont bien réfléchi* à ce poste à Paris et ils ont décidé de partir vivre en France.
– *Elle a comparé plusieurs méthodes*, puis elle a choisi de s'inscrire à un club de conversation en italien.
– *Tout d'abord, elle a passé son examen*, puis elle a cherché un travail comme professeur de grec.
– *Pierre s'est perfectionné en allemand*, puis il a accepté un poste de professeur de français à Berlin.
– *Comme tu as fait de bonnes études en français et en histoire*, tu as trouvé facilement un emploi de guide touristique.
– *J'ai entendu parler de cette école*, alors j'y ai inscrit mon fils.

5 L'emploi des modes dans la condition concessive.

LA CONDITION CONCESSIVE
■ La condition non réalisée peut être exprimée de plusieurs manières : – **même si** + indicatif : *Même si j'avais étudié l'allemand au lycée, je n'aurais pas effectué ce stage à Berlin.* – **quand bien même** + conditionnel : *Quand bien même j'aurais étudié l'allemand au lycée, je n'aurais pas effectué ce stage à Berlin.* – **à supposer que** suivi du subjonctif : *À supposer que j'aie étudié l'allemand au lycée, je n'aurais pas effectué ce stage à Berlin.*

Écrivez des phrases à partir des éléments donnés. Utilisez les expressions entre parenthèses.

– Sophie / obtenir son bac / ne pas pouvoir suivre ces cours. (À supposer que)
– Mes parents / entendre parler de cette école / ne pas pouvoir payer les frais de scolarité. (Même si)
– Pierre / partir étudier aux États-Unis / ne pas vivre là-bas. (Quand bien même)
– Juan / demande la nationalité française / rentrer en Espagne. (À supposer que)
– Tu / parler couramment l'italien / on / ne pas te prendre pour une Italienne. (À supposer que)
– Vous / prendre des cours d'allemand / ne pas tout comprendre comme mon ami de Berlin. (Quand bien même)

Écrire

6 **Présenter des publicités.**

Regardez ces publicités et écrivez quelques lignes de présentation :

Langues Plus à Paris

Apprendre le français à Paris toute l'année :
– Pour les entreprises et les particuliers.
– Pour des besoins et des budgets différents.
– Un équipement performant : cassettes audio, cédéroms, vidéo, laboratoire de langues, internet.
– Des préparations à certains examens peuvent être proposées.

Renseignements : sur MINITEL 3614 code LANGUES PLUS ou bien au 01 43 20 17 15.

INTERLANGUE-PARIS

Leçons d'anglais, d'espagnol, d'allemand et d'italien

◆

Cours particuliers ou collectifs (10 pers. max.)

◆

Enseignants hautement qualifiés

◆

Méthodes actives et performantes

◆

Horaires à la carte

◆

Tarifs très intéressants

Renseignez-vous au 01 43 09 53 28

RENNES-LANGUES

**propose
deux formules « adulte »
durant l'été.
Pour les étrangers qui souhaitent
apprendre rapidement le français
et passer d'agréables vacances :**

Au campus

Cours en demi-journée ou en journée, activités sportives et culturelles, programme de visites de la région (les remparts de Saint-Malo…).

Chez le professeur et sa famille

Cours et hébergement chez votre professeur.
Un programme de cours et de visites de la région selon vos envies. Une formule idéale pour progresser et vivre le français au quotidien.

**Pour tous renseignements,
contacter Fabienne
au 02 48 29 53 10.**

Écouter et parler

Le regret et l'exaspération.

1 🎧 Le regret. **Écoutez et imitez :**
– Quel dommage, je n'ai pas pu voir la fin du film !
– Je regrette vraiment d'être parti si tôt !
– Si nous avions su, nous serions arrivés un peu plus tôt !
– On aurait dû vous téléphoner !
– Ah, si j'étais plus jeune... !
– Ça devait être tellement beau...
– J'aurais tellement voulu venir !

2 🎧 L'exaspération. **Écoutez et imitez :**
– Je sais, je sais... Tu me l'as déjà dit !
– Mais tu répètes tout le temps la même chose !
– On connaît la chanson !
– Écoute, j'en ai assez de t'entendre dire la même chose.
– Je n'en peux plus !
– Vraiment, tu m'ennuies, change de disque !

3 🎧 **Écoutez et mettez une croix dans la bonne case :**

	1	2	3	4	5	6	7	8
REGRET								
EXASPÉRATION								

Écouter

4 🎧 Annonces à Expolangues.
Langado / Polyglotte

a) Écoutez ces deux enregistrements puis remplissez la grille :

	Langado	*Polyglotte*
Produit proposé	. . .	. . .
Public visé	. . .	. . .
Offre promotionnelle	. . .	. . .
Localisation du stand	. . .	. . .

b) Répondez aux questions suivantes concernant l'annonce 1 :
1• Quelles sont les destinations possibles ?
2• Comment les participants sont-ils logés ?
3• Comment les journées sont-elles organisées ?

... concernant l'annonce 2 :
4• Dans quelles langues peut-on trouver Polyglotte ?
5• Comment peut-on se procurer Polyglotte ?
6• Quel est le prix du jeu-concours ?

Langues Plus
c) Écoutez cet enregistrement puis répondez aux questions suivantes :
1• Où se trouve cette école ?
2• Comment sont les professeurs ?
3• Et les méthodes utilisées ?
4• Où se trouve le stand de cette école ?
5• Qu'est-ce qui attend les visiteurs ?

Parler

5 À vous !
a) On n'enseigne pas bien les langues vivantes. Qu'en pensez-vous ?

b) Comment interprétez-vous ce dessin ?

Les langues au lycée !

« Nicolas n'a même pas su demander son chemin quand il est allé à Londres. Je ne comprends pas ce qu'il fait pendant ses cours d'anglais. Pourtant, ça fait cinq ans qu'il l'étudie ! » Ces plaintes de parents sont fréquentes… et fondées ; il est vrai que l'enseignement des langues vivantes en France est à revoir.

Tout d'abord, il est encore essentiellement basé sur la pratique de la langue écrite, pour répondre aux épreuves du baccalauréat – un niveau d'oral étant plus difficile à évaluer. Il est vrai aussi que les enseignants sont mieux formés à transmettre une connaissance de la langue écrite. Malgré cela, on ne peut pas dire que les petits Français soient nuls en langues. Compte tenu des trois heures hebdomadaires de cours de langues réparties sur les sept années de scolarité qui en moyenne ne donneront la parole à nos chers petits que 7 heures au total, le résultat est tout à fait honorable : il faut, en effet, environ 600 heures de conversation pour pouvoir communiquer correctement dans une langue étrangère. Nous n'avons donc pas à rougir du niveau des élèves. « Le tableau est clair, dit Jean-Pierre Van Deth, président du salon Expolangues. *Nettement devant nous, nous avons les pays nordiques, aux langues minoritaires. Mais nous sommes devant tous les autres, pratiquement au coude à coude avec les Allemands ; ils apprennent moins de langues, mais leurs élèves sont plutôt meilleurs. »*

Que font nos voisins ?

Curieusement, à l'heure où l'on défend la plus grande mobilité et où se multiplient les bourses d'échanges d'étudiants, on ne trouve pas d'études comparatives sur le sujet. C'est un rapport réalisé en 1994 pour l'Éducation nationale par Geneviève Becquelin, inspectrice générale – « l'Apprentissage des langues vivantes étrangères en Europe » –, qui contient le plus d'informations. Les horaires, contenus et méthodes de onze pays de l'Union y ont été décortiqués. Ce travail montre que les disparités entre pays restent importantes, mais qu'une harmonisation est en cours, sous la pression de l'opinion et des familles, qui réclament un enseignement efficace des langues. Ainsi l'étude d'une langue étrangère est devenue obligatoire partout, et démarre de plus en plus tôt, entre 8 à 10 ans. L'anglais, langue étrangère numéro un dans tous les pays non anglophones, est enseigné dans tous les pays, et de mieux en mieux.

Deuxième constat : la diversification souhaitée par l'Union européenne s'est peu concrétisée. Trois langues dominent : l'anglais, le français et l'allemand, l'espagnol occupant une place *« très modeste »*. Jugé difficile, le français a connu en moins de trente ans *« un recul considérable partout face à l'anglais »*. Par ailleurs, on souhaite réformer dans tous les pays la formation des enseignants, qui est jugée inadaptée. Et cela n'est pas sans rapport avec la constatation que *« partout les langues s'apprennent tout autant au dehors de l'école qu'à l'école »,* l'impact des programmes de télévision étrangers étant souligné.

Au total, la France n'a pas à rougir de ses performances. Elle se place bien dans une Europe qui est elle-même en pointe dans le monde (aux États-Unis, on en est encore à *« s'efforcer de rendre obligatoire l'étude d'une langue étrangère pendant au moins quatre ans »*). Mais elle peut mieux faire : une résolution de l'Union, en mars 1995, préconisait l'apprentissage précoce des langues dès l'école élémentaire. À suivre.

Patrick Fauconnier.
Nouvel Observateur 10/9/98.

1 **Lisez ces deux articles puis répondez aux questions suivantes :**

Compréhension globale

a) Pourquoi les jeunes Français ne parlent-ils pas bien les langues étrangères ?

b) Quelle est la langue la plus enseignée en Europe ?

c) Quelles langues viennent ensuite ?

d) Quelle est la réputation du français et quelles sont les conséquences ?

e) Dans quels pays d'Europe parle-t-on le mieux les langues étrangères ?

f) En Europe, à partir de quel âge commence-t-on à étudier une langue étrangère ?

g) L'école est-elle le seul moyen pour étudier une langue étrangère ?

Compréhension fine

h) Mettez en relation les expressions de sens voisin :

transmettre ●   ● enseigner

rougir ●   ● se réaliser

décortiquer ●   ● défendre, mettre en avant

démarrer ●   ● étudier, analyser

se concrétiser ●   ● commencer

préconiser ●   ● être gêné

i) **Que signifient les expressions suivantes ?**

1. Ces plaintes sont fondées ; elles sont :
   - ❏ construites
   - ❏ justifiées
   - ❏ vraies.

2. Ils sont nuls ; ils sont :
   - ❏ très mauvais
   - ❏ excellents
   - ❏ moyens.

3. Un niveau est honorable ; il est :
   - ❏ insuffisant
   - ❏ bon
   - ❏ correct.

4. Les langues nordiques sont minoritaires ; elles sont :
   - ❏ difficiles
   - ❏ nombreuses
   - ❏ peu parlées.

5. Un enseignement est efficace ; il est :
   - ❏ facile
   - ❏ utile
   - ❏ il donne des résultats positifs.

6. Une place est modeste ; elle est :
   - ❏ importante
   - ❏ réduite
   - ❏ moderne.

7. Un apprentissage précoce ; il est fait :
   - ❏ tard
   - ❏ à des enfants jeunes
   - ❏ à l'âge normal.

j) **Comment comprenez-vous les expressions suivantes ?**

1. Les disparités restent importantes.
   - ❏ Il y a de grandes différences.
   - ❏ Tout est au même niveau.
   - ❏ Les différences ne sont pas très grandes.

2. Une harmonisation est en cours.
   - ❏ On fait des cours pour former les enseignants.
   - ❏ On fait un travail pour mettre tout le monde au même niveau.
   - ❏ On organise une formation musicale.

3. Il a connu un recul considérable.
   - ❏ Il est en nette progression.
   - ❏ On l'enseigne de plus en plus.
   - ❏ Il est beaucoup moins enseigné.

4. L'Europe est en pointe dans le monde (pour l'enseignement des langues).
   - ❏ L'Europe va très mal...
   - ❏ L'Europe est en crise...
   - ❏ L'Europe est en bonne position...

Écrire

2 Il ne faut enseigner que l'anglais. Qu'en pensez-vous ?

VOUS CONNAISSEZ...

1 Le gérondif

Transformez ces phrases en employant le gérondif :

1• Si vous participez au Téléthon, vous aiderez la recherche médicale.

2• Tu verses un acompte ; de ce fait, tu confirmeras ta commande.

3• Vous étudiez une deuxième langue étrangère, donc vous augmentez vos chances de travailler dans le tourisme.

4• Si ta mère arrêtait de fumer, elle se sentirait mieux.

5• Achetez cet ordinateur en promotion et vous ferez une bonne affaire !

6• Nous parlerions mieux l'espagnol si nous passions nos vacances à Séville !

7• Pour soigner des malades, envoyez vos dons à Médecins Sans Frontières.

2 Les propositions participiales

a) Transformez ces phrases en employant des propositions participiales (utilisez des participes présents) :

1• Comme je souhaite m'inscrire dans cette école de langues, j'ai demandé des informations sur l'organisation des cours.

2• Cette publicité propose des télévisions à des prix très intéressants et je vous conseille d'aller dans le supermarché indiqué.

3• Le vendeur ne peut pas me renseigner alors il m'indique un responsable.

4• Les soldes commencent la semaine prochaine, j'attends un peu pour acheter un manteau.

5• Ma mère ne trouve pas les pulls proposés sur l'affiche publicitaire alors elle demande à parler au directeur du magasin.

6• Votre restaurant n'a pas d'espace non-fumeur alors je refuse de dîner ici !

b) Transformez ces phrases en propositions participiales (utilisez des participes présents au passé) :

1• Nos amis ont vécu au Québec plusieurs années alors nous y sommes allés trois fois.

2• M. Dubois s'est incrit dans un cours d'allemand et il a fait des progrès spectaculaires.

3• Comme la période des inscriptions est terminée, vous devrez attendre l'année prochaine pour suivre des cours.

4• Les parents de Joseph ont acheté une grande maison et les enfants y passent un mois l'été.

5• Sa sœur a arrêté de fumer, c'est pour cette raison qu'elle a un peu grossi.

6• Le fils de M. Lefort a été gravement malade alors toute la famille est partie vivre à la campagne.

VOUS SAVEZ...

1 Exprimer la cause

a) À partir des éléments donnés, faites des phrases exprimant la cause. Variez les formulations et faites les transformations nécessaires.

1• Ce magasin fait actuellement de grosses promotions/les employés ont des journées de travail chargées.

2• Dans les villes, on n'entend pas les oiseaux chanter/du bruit des voitures.

3• Il a consulté un médecin/Il se sent moins stressé.

4• Pierre s'est fâché/Sa fille s'est remise à fumer.

5• Certaines plantes disparaissent/cette région est très polluée.

b) Complétez ces phrases :

1• Comme . . . , elle a annulé sa commande.

2• Elle a retrouvé sa forme habituelle grâce à . . . .

3• À cause de . . . , ils ont l'intention de quitter Paris.

4• Nous allons rouler prudemment en raison de . . . .

5• Je refuse d'annuler mes vacances en Guadeloupe, sous prétexte que . . . !

2 Exprimer la conséquence

À partir des éléments donnés, faites des phrases exprimant la conséquence. Variez les formulations et faites les transformations nécessaires.

1• Il n'avait pas vérifié l'état de sa voiture/Il a eu une amende.

3• Son pot d'échappement était en mauvais état/il a dû le faire changer.

3• Ils ont installé des panneaux d'information/les visiteurs se perdent moins dans l'île.

4• J'ai pris régulièrement des cours d'anglais/je suis capable de suivre une conversation courante.

5• Elle a décidé de maigrir/elle a pris rendez-vous avec un diététicien.

3 Exprimer le but

Complétez ces phrases :

1• Vous avez bénéficié de tarifs intéressants pour . . . ?

2• Ils ont choisi cette formule de cours par téléphone afin que . . . .

3• De manière à . . . , elle a fait un séjour dans ce centre médical.

4• Pour que . . . , ils devraient protéger leurs plantes du froid.

5• De façon à . . . , nous devrions profiter de cette promotion.

4 Exprimer la concession

a) À partir des éléments donnés, faites des phrases exprimant la concession. Faites les transformations nécessaires.

1• Nous ne fumons plus depuis dix ans/l'envie de cigarette est présente. (*bien que*)
2• Vous achetez des articles en promotion/vous dépensez toujours plus que prévu. (*même si*)
3• Tu prends des vacances cette année/je ne suis pas certaine de vouloir partir avec toi. (*à supposer que*)
4• Elle a beaucoup maigri ces derniers mois/elle est en bonne santé. (*pourtant*)
5• Ils préfèrent garder leur appartement dans le centre/ils supportent mal la pollution et le bruit. (*malgré*)

b) Complétez ces phrases exprimant une condition concessive :

1• À supposer que . . . , tu peux demander les tarifs de cette école.
2• Elles ne changeraient pas d'avis, même si . . . .
3• Quand bien même . . . , je sais que ce serait très difficile pour moi.
4• Même si . . . , nous pourrions passer un test.
5• À supposer que . . . , elle n'accepterait jamais de suivre tes conseils.
6• Tu continuerais de fumer même si . . . .
7• Quand bien même . . . , tu n'obtiendrais pas ce poste à Oslo.

TEST

ORAL

Regardez ce dessin. Peut-on faire confiance aux sportifs ?

ORAL

Commentez cette photo :

Bilan 4

ORAL

Que pensez-vous de cette affiche ?

pensez à ceux qui vous entourent !

COMITE NATIONAL CONTRE LE TABAGISME - 126, rue d'Aubervilliers 75019 PARIS

ÉCRIT

a) Si on augmentait vraiment le prix des cigarettes, les gens arrêteraient plus facilement de fumer. Qu'en pensez-vous ?

b) Ce n'est pas aux particuliers de donner de l'argent pour la recherche médicale. Donnez votre opinion.

c) Acheter à crédit, c'est bien. La vie est trop courte pour ne pas en profiter tout de suite. Êtes-vous d'accord ?

d) Grâce aux traductions simultanées et aux progrès technologiques, il n'est plus nécessaire d'apprendre les langues étrangères. Qu'en pensez-vous ?

a) Recherchez les arguments convaincants de cette publicité.

b) Quelles sont les actions menées par cette association ?

c) Réécrivez les expressions suivantes :
– « En parrainant la scolarité d'un enfant… vous aidez à la construction d'écoles. »
– « À travers des correspondances régulières… »
– « *Aide et Action* a reçu le prix Cristal pour la transparence de son information financière. »
– « Chaque enfant a le droit d'aller à l'école. Avec vous, ce droit va devenir une réalité. »

Aide et Action
L'école, un cadeau pour la vie

Chaque enfant a le droit d'aller à l'école.
Avec vous, ce droit va devenir une réalité.

Depuis bientôt 20 ans, Aide et Action favorise la scolarisation de plus de 500 000 enfants en Afrique, en Inde et en Haïti. En parrainant la scolarité d'un enfant avec Aide et Action, vous aidez à la construction d'écoles, à la formation d'instituteurs, à l'achat de matériel scolaire… Vous offrez concrètement à un enfant la chance d'être demain un adulte autonome et responsable. A travers des correspondances régulières, vous suivrez les progrès de votre filleul(e), vous apprendrez à connaître son environnement, sa culture.

En 1990 et 1995, Aide et Action a reçu le Prix Cristal décerné par la Compagnie Nationale des Commissaires aux Comptes pour la transparence de son information financière. C'est, à ce jour, la seule association à l'avoir obtenu deux fois. Vous avez donc l'assurance que, sur les 130 F mensuels que vous versez, 85 % sont directement utilisés sur le terrain et seulement 15 % sont affectés aux frais de gestion. Alors rejoignez les 50 000 marraines et parrains d'Aide et Action pour que le droit à l'éducation soit vraiment une réalité pour tous.

N° VERT 0800 000 586

BON À DÉCOUPER ET À RENVOYER À : AIDE ET ACTION - 53 BD DE CHARONNE 75545 PARIS CÉDEX 11

ÉCRIT

Hi-fi, télé, jeux vidéo, petit électroménager… vendez vos objets encombrants et achetez du matériel d'occasion de bonne qualité chez Cash Converters et Negocito. Le choix y est large et les prix compétitifs.

LES CASH CONVERTERS

Quoi ? Cette chaîne australienne de magasins d'occasion n'achète que des produits de loisirs et du petit équipement pour la maison en parfait état de marche (en fonction des stocks déjà en place dans les magasins). Vous apportez vos objets et vous obtenez, après négociation, un paiement comptant en liquide. L'acheteur se voit proposer toute une gamme de produits d'occasion fiables (petit électroménager, audiovisuel, accessoires de sport, outillage, informatique, jouets, bijoux…).

Attention, on ne trouve ni meubles, ni gros électroménager, ni vêtements.

Combien ? Les 5 CD vendus 15 € ; une petite guitare classique à 70 € ; des téléviseurs 36 cm entre 70 et 120 € ; des appareils photo compact avec zoom entre 60 et 90 € ; des ordinateurs portables 4.86 vendus entre 220 et 450 €… Valeur du neuf : environ le double. Ces produits sont repris en fonction de leur état la moitié du prix auquel ils seront revendus.

Où ? Pour connaître la liste des Cash Converters en France (70 magasins), Tél. : 08 36 68 19 50 ou 36 15 Cash Converters.

Notre avis Permet de se débarrasser vite des objets qui encombrent, sans attendre que la vente soit réalisée pour toucher l'argent. Un grand choix de matériel électronique et des produits garantis trente jours (90 jours pour les téléviseurs).
Les Cash Converters ne sont absolument pas des dépotoirs ; n'hésitez pas à y faire un tour.

NEGOCITO

Quoi ? Le pendant de Cash Converters a ouvert son premier magasin en 1996 à Lambersart, dans la banlieue lilloise. Negocito achète vos produits en échange d'un paiement en espèces et vous propose du matériel de loisirs (testé au préalable) à prix cassés : télévisions, hi-fi, informatique, photo, jeux vidéo, matériel de bricolage, petit électro ménager…

Combien ? Un ordinateur PC 486 DX2 66 multimédia complet repris à 180 €, vendu à 300 € ; un VTT Décathlon (valeur du neuf 300 €) repris à 70 €, vendu à 150 € ; un magnétoscope JVC hifi stéréo (valeur du neuf 300 €) repris à 120 € et vendu à 200 €…

Où ? 292, avenue de Dunkerque, 59130 Lambersart. Centre commercial Auchan, 59494 Petite-Forêt, Valenciennes. 4, rue Étienne-Marcel, 75002 Paris.

Notre avis Les mêmes avantages que Cash Converters, plus des possibilités de paiement à crédit.

J'économise, octobre 98.

Lisez l'article intitulé *Où troquer malin ?*.

a) Répondez aux questions suivantes :

	Vrai	Faux
1• Ce type de magasins vient d'Australie.	❏	❏
2• Les premiers Cash Converters ont ouvert en France en 1996.	❏	❏
3• On peut vendre et acheter du matériel d'occasion dans ces deux magasins.	❏	❏
4• Tous les articles vendus sont en bon état.	❏	❏
5• Tous les articles sont garantis un mois après l'achat.	❏	❏
6• On peut y trouver des vêtements et des meubles.	❏	❏
7• Quand on vend, on récupère l'argent après la vente.	❏	❏
8• On est payé en argent liquide.	❏	❏
9• Chez Cash Converters, il est possible de payer à crédit.	❏	❏
10• Il existe de nombreux magasins Cash Converters en France.	❏	❏
11• On trouve des magasins Negocito dans toute la France.	❏	❏

b) Pour quel genre d'achats iriez-vous dans ces magasins ?

c) Comment peut-on expliquer le développement de ces magasins ?

d) Ce genre de magasins existe-t-il dans votre pays ?

e) Pensez-vous que cette nouvelle manière de consommer puisse porter tort au commerce traditionnel ?

ÉCRIT

Vous avez acheté un ordinateur chez Negocito. Vous avez perdu la notice et vous n'arrivez pas à vous en servir. Vous écrivez pour demander les conditions de garantie, et des conseils pour vous procurer à nouveau la documentation.

ORAL

Présentez ce document puis indiquez son sujet. Vous en faites un résumé rapide puis vous dites ce que vous en pensez.

▶ AVEC LE DISQUE « ENSEMBLE »

Cinquante chanteurs contre le sida

Les plus grands artistes français, dont Johnny Hallyday, Jean-Jacques Goldman, Florent Pagny, Patricia Kaas, Jane Birkin, Eddy Mitchell, se sont mobilisés pour enregistrer *Ensemble*, un album au profit de la lutte contre le sida, à la demande de l'association « Ensemble contre le sida », présidée par Pierre Bergé et Line Renaud. Pascal Obispo s'est occupé de la partie artistique.

Il a écrit ainsi une chanson, « Sa raison d'être », qui ouvre l'album. Les cinquante artistes chantent chacun à tour de rôle une phrase et chaque enregistrement a été fait séparément puis rassemblé. *Ensemble* comprend également treize autres chansons, dont « L'amour existe encore », poignant duo entre Hélène Segara et Garou, révélé par la comédie musicale *Notre-Dame de Paris*.

Autre must, « Demain », de Patrick Bruel.
Nombre d'artistes ayant participé à cet album vont venir le dédicacer aujourd'hui, jour de sa sortie, simultanément de 19 heures à 22 heures au Virgin Megastore et à la Fnac des Champs-Élysées. Bousculades garanties…   Y. B.
▶ *« Ensemble » (Disques V2/Sony Music). Sortie aujourd'hui.*
Le Parisien, 24/11/98.

ÉCRIRE

1 Écrire un message

ANNONCES CLASSÉES

DIVERS

APPAREILS ÉLECTROMÉNA-GERS, BE, prix à négocier. Tél. 01 48 58 21 41 HR.

FRIGO TABLE TOP, px 38 €, congélateur 3 tiroirs, 80 €, Tél. 01 40 29 99 32 soir.

ENTREPÔT électroménager mod. neuf et expo, les + gdes marques, ÉLECTROCHOC 01 49 88 12 13

CUISINIÈRE MIXTE ROSIÈRES, BE, 180 €, Tél. 01 47 29 12 18

FRIGO/CONGEL ARISTON 1,50 m, px 70 €. Tél. 01 43 49 32 31 ou 06 89 93 34 16.

FRIGO TOP 590 F frigo cong. 130 € L.L 130 € cuis. 100 € L.V 145 €, 01 43 66 19 32

BUREAU BOIS MASSIF CLAIR, 2,10 m long, 90 €, bur. chêne massif clair style scriban, 53 €, + lit complet en 90 larg., 140 €, Tél. 01 40 65 05 13

BELLE TABLE DE FERME en chêne, 380 €, Tél. 01 48 96 20 75

SAM STYLE LOUIS XVI MEURI-SIER, table 210 x 110, bahut dessus marbre, 8 chaises et 4 faut. tout cuir, 3 350 € Tél. 04 77 36 59 64

BUFFET HAUT STYLE RÉGEN-CE, merisier massif, 2,14 m long., exc. état, + table ronde et chaises. Tél. 01 40 65 05 17

CLIC CLAC bon état 130 € Tél. 06 82 26 21 18

CANAPÉ CUIR BLEU 3 PL., convertible + 2 fauteuils, 2 280 € Tél. 01 56 02 32 52

CANAPÉ CONVERTIBLE 120 cm, px 130 €, Tél. 01 44 07 36 41

TABLE DE SÉJOUR RECTAN-GULAIRE, pliable, noire 165 x 80, px 60 €, Tél. 01 41 08 91 15 ou 06 17 62 97 15

ENSEMBLE COULEUR NOIR ET VERT, meuble TV, vitrine, bar-buffet + bibliothèque, TBE, px 300 €, à déb. Tél. 06 70 80 59 43

IKEA, BLANC : ARMOIRE, 2,30 m x 2,07 m x 0,60 m, 220 € lit 1,90 m x 1,40 m, tiroir, sommier, 70 €, bureau hêtre 40 €. Tél. 01 43 49 32 32 rép. ou 06 89 93 34 11

TÉLÉVISION COULEUR px 75 € Tél. 01 43 66 20 32

LOT 3 000 K7, px 15 200 € HT. Tél. 06 87 16 89 29

a) Vous êtes étudiant(e) et vous vous installez. Comme vous n'avez pas un gros budget, vous décidez d'acheter ce qui vous manque par petites annonces. Vous cherchez une cuisinière et un canapé convertible.

Votre amie Aurélie, elle, cherche une petite table et une armoire. Quant à Pierre, il voudrait acheter une télévision.

Sélectionnez les annonces qui correspondent à vos besoins et à ceux de vos amis.

b) Pour entrer en contact avec ces annonceurs, il vous est également possible de laisser un e-mail au journal. Rédigez-le pour les articles que vous recherchez.

c) Écrivez un petit mot à Aurélie et à Pierre pour les informer de ces petites annonces qui peuvent les intéresser.

2 Écrire pour proposer votre aide

ADAJEM

L'Association d'aide pour les jeunes de Mananjary (Madagascar), qui existe depuis 1998, cherche à aider la population d'un village délaissé et coupé du reste du monde. Elle a pour objectifs de mettre en place des actions dans le domaine du sport, des loisirs, de la musique et de l'éducation afin de ne pas laisser les jeunes sans activité. Le but est donc de créer, en collaboration avec les associations locales, un dynamisme dans ce village afin que les jeunes ne se laissent pas aller dans la misère et la pauvreté et pour qu'ils ne perdent pas espoir.

Adajem : 4, rue Auguste-Bernard, 78 320 La Verrière. Tél. : 01 34 61 45 01. E-mail : gence@infonie.fr

Vous travaillez dans l'animation, vous adorez jouer de la flûte, vous aimez l'aventure et vous avez envie de vous rendre utile. Un départ à l'étranger pour quelques mois ne vous déplairait pas du tout. Vous avez trouvé cette offre d'emploi et vous y répondez.

3 Transmettre des informations

Votre frère vient d'arrêter de fumer mais il trouve ça très difficile. Vous en avez discuté avec votre médecin qui vous a donné quelques « trucs » pour l'aider.
Vous écrivez à votre frère pour les lui communiquer. N'oubliez pas de le féliciter pour sa décision, de l'encourager et proposez-lui également une sortie qui lui ferait plaisir.

(Quelques trucs pour lutter contre l'envie d'allumer une cigarette :
– boire un grand verre d'eau
– manger un fruit
– respirer profondément
– changer d'activité, de pièce, faire autre chose pour s'occuper l'esprit
– passer un coup de téléphone à un(e) ami(e)
– n'avoir aucune cigarette à portée de la main
– parler à son entourage de sa décision…)

4 Écrire une lettre de réclamation

Vous avez inscrit votre fille pour faire un séjour linguistique durant les dernières vacances de printemps. Voici le séjour tel qu'il vous a été présenté dans la brochure :

« LANGUES ET VACANCES » PROPOSE DES SÉJOURS À SÉVILLE, EN ANDALOUSIE, DE DEUX SEMAINES PENDANT LES VACANCES DE PRINTEMPS.

Nos séjours sont très sérieusement organisés.

• Le matin, des cours d'espagnol sont dispensés par des enseignants bilingues, qualifiés et expérimentés.

• Quant à l'après-midi, il est consacré à des activités culturelles, artistiques et sportives encadrées par des éducateurs compétents.

• Votre enfant sera accueilli dans des familles de la ville, sélectionnées avec le plus grand soin, un seul enfant par famille.

• Le soir, le samedi et le dimanche, votre enfant vivra au rythme d'une famille andalouse.

• Les transports sont assurés en avion jusqu'à Madrid, puis en train rapide jusqu'à Séville.

CONDITIONS D'INSCRIPTION : . . . .

Votre fille est partie par cet organisme mais, au retour, vous avez quelques mauvaises surprises : le déjeuner était à la charge des enfants, mais vous n'en aviez pas été informé ; votre fille était hébergée avec une de ses camarades françaises dans la même famille, elles ont évidemment préféré bavardé entre elles, d'autant qu'il n'y avait pas d'enfants dans la famille d'accueil ; les activités de l'après-midi se bornaient à des promenades dans les rues de la ville et les cours du matin, d'une durée maximale de deux heures, étaient facultatifs.

Vous écrivez à « Langues et Vacances » pour exprimer votre mécontentement et vous demandez un remboursement de 10 % de la totalité des frais pour le non-respect des conditions décrites par la brochure.

Les types de phrase

▌ La phrase interrogative

L'interrogation peut porter sur l'ensemble de la phrase (interrogation totale) ou sur une partie de la phrase (interrogation partielle).

▌ Lorsque l'interrogation porte sur toute la phrase, elle est marquée :

– par **est-ce que** :
Est-ce que vous travaillez ?
Il n'y a pas d'inversion du sujet.

– par l'intonation montante (à l'oral) :
Tu travailles ?
(À l'écrit, l'interrogation n'est alors traduite que par le point d'interrogation.)

– par l'inversion du pronom sujet (langue soutenue) :
Travaillez-vous ici ?

Lorsque le sujet est un nom, il est repris par un pronom :
Votre femme travaille-t-elle ?
(Lorsque le verbe se termine par une voyelle, il y a un « -t- » dit euphonique.)

▌ Lorsque l'interrogation porte sur un élément de la phrase, elle est marquée par un mot interrogatif, simple ou composé.
Quel métier choisirez-vous ?

ADJECTIFS INTERROGATIFS	
Formes simples	
Masculin	Féminin
Singulier **quel**	**quelle**
Pluriel **quels**	**quelles**

Qui est-ce qui a téléphoné ?
À qui avez-vous téléphoné ?
À quoi avez-vous réfléchi ?
Que dites-vous ?

PRONOMS INTERROGATIFS		
	Simples	Composés
Personne	**qui**	**qui est-ce qui** (sujet)
		qui est-ce que (complément)
Chose	**que**	**qu'est-ce qui** (sujet)
	quoi (après préposition)	**qu'est-ce que** (complément)

ADVERBES	
Temps	**Quand, quand est-ce que…**
Manière	**Comment, comment est-ce que…**
Nombre	**Combien, combien est-ce que…**
Cause	**Pourquoi, pourquoi est-ce que…**

▌ La phrase négative

– La négation peut porter sur différents éléments de la phrase.

SUJET	
Personne	Chose
Personne n'est venu.	**Rien ne** s'est passé.

COMPLÉMENT*	
Personne	Chose
Je **ne** vois **personne**.	Je **ne** vois **rien**.
Je **n'**ai vu **personne**.	Je **n'**ai **rien** vu.

CIRCONSTANCE*	
Temps	Lieu
Il **ne** travaille **jamais**.	Nous **n'**allons **nulle part**.
Il **n'**a **jamais** travaillé.	Nous **ne** sommes allés
Je **ne** travaille **plus**.	**nulle part**.
Il **ne** travaille **pas encore**.	

* Remarque : Au passé composé, l'auxiliaire (*avoir* ou *être*) est placé entre les deux éléments de la négation.

– **Aucun(e)** est un adjectif indéfini à valeur négative :
*Il n'y a **aucune** raison de s'inquiéter.*
*Je n'ai **aucune** idée de ce qui va se passer.*

La phrase passive

– Dans la phrase passive, le complément du verbe de la phrase active devient le sujet, et le sujet devient le complément d'agent :
Un cambrioleur a volé des bijoux.
Des bijoux ont été volés par un cambrioleur.

– Le complément d'agent peut ne pas être exprimé :
Des bijoux ont été volés dans la nuit de lundi à mardi. (On a volé des bijoux dans la nuit de lundi à mardi.)

Les pronoms

Les pronoms personnels compléments

Rappel :
– Les pronoms personnels compléments directs sont : **le, la, l', les.**
– Les pronoms personnels compléments indirects remplaçant un nom de personne introduits par la préposition *à* : **lui, leur** sont placés avant le verbe.
– Avec les autres prépositions, on emploie **lui, elle, eux, elles** placés après la préposition.
Je ne me souviens pas d'eux.
– Le pronom **y** remplace un complément désignant une chose introduit par *à*, ou un lieu (lieu où l'on va, lieu où l'on est).
– Le pronom **en** remplace un nom de chose introduit par un partitif, ou par la préposition *de*.

Place des pronoms personnels compléments

– Au passé composé, le pronom personnel se place entre le sujet et l'auxiliaire :
Pierre ? Oui, je l'ai vu tout à l'heure, je lui ai parlé tout à l'heure.

– Si la phrase est négative, les deux éléments de la négation encadrent le complément et l'auxiliaire :
Je ne lui ai pas parlé.

– Lorsqu'il y a deux pronoms personnels, le pronom direct se place devant le pronom indirect pour la troisième personne :
– *Vous avez donné le billet à Julien ?*
– *Oui, je le lui ai donné.*

> **Attention !**
> Cette place est inversée lorsqu'il s'agit d'un pronom indirect désignant la première ou la deuxième personne.
> – *Julien t'a donné le billet ?*
> – *Oui, il me l'a donné.*

L'expression de la quantité

La **quantité** peut être marquée par :

– le partitif **du, de la, de l'**, utilisé uniquement avec les mots non comptables :
Nous faisons du sport.

– les adjectifs indéfinis **beaucoup de, un peu de, quelques, certains, tout, plusieurs.**

Remarque :
– **plusieurs** insiste sur la pluralité :
Nous prenons plusieurs jours de vacances :

– **quelques** s'emploie avec des noms comptables ; alors que **un peu de** s'emploie uniquement avec des noms non comptables :
Je fais quelques exercices de gymnastique tous les matins.
Vous devriez faire un peu de sport.

– **beaucoup, peu, plusieurs** sont invariables.

– **Tout,** qui marque la totalité, peut être employé au singulier ou au pluriel :
J'ai passé toute la journée à la campagne.
Tous les vêtements sont vendus.

Les pronoms de quantité peuvent avoir une forme similaire ou différente de celle des adjectifs. Quand ils sont compléments, les pronoms de quantité sont composés de la forme **en** et de l'indéfini correspondant.

Nous avons mangé du pain. /
Nous en avons mangé.

Nous avons mangé un peu de pain. /
Nous en avons mangé un peu.

Nous avons mangé quelques fruits. /
Nous en avons mangé quelques-uns.

Nous avons mangé beaucoup de fruits. /
Nous en avons mangé beaucoup.

Nous avons mangé certains fruits. /
Nous en avons mangé certains.

> **Attention !**
> **Tout, toute, tous, toutes** fonctionnent avec le pronom direct : **le, la, les,** quand ils sont compléments
> *Nous avons mangé tous les fruits. /*
> *Nous les avons tous mangés.*
> Quand ils sont sujets,
> ils peuvent remplacer ou reprendre le pronom.
> *Ils sont tous partis.*
> *Tous sont partis.*

Les pronoms possessifs

■ Ils se composent de l'article défini et d'une forme marquant la possession. Ils portent la marque du genre et du nombre de l'objet, et la marque de personne du possesseur.

PRONOMS POSSESSIFS	
Objet singulier *masculin / féminin*	*Objet pluriel* *masculin / féminin*
SINGULIER	
1re pers. le mien/la mienne	les miens/les miennes
2e pers. le tien/la tienne	les tiens/les tiennes
3e pers. le sien/la sienne	les siens/les siennes
PLURIEL	
1re pers. le nôtre/la nôtre	les nôtres
2e pers. le vôtre/la vôtre	les vôtres
3e pers. le leur/la leur	les leurs

Les pronoms démonstratifs

■ Ils sont utilisés pour désigner un objet propre (**-ci**) ou lointain (**-là**).

PRONOMS DÉMONSTRATIFS		
	Masculin	*Féminin*
Singulier	**celui-ci**	**celle-ci**
	celui-là	**celle-là**
Pluriel	**ceux-ci**	**celles-ci**
	ceux-là	**celles-là**

■ Il existe également une forme neutre : **ceci, cela, ça** (plus familier).

Les pronoms relatifs

■ La forme du pronom relatif varie suivant sa fonction dans la proposition relative.

PRONOMS RELATIFS	
Sujet : **qui**	*C'est la personne* **qui** *a téléphoné.*
Complément : **que**	*Ce n'est pas le billet* **que** *je vous ai donné.*
Complément de nom ou complément d'un verbe construit avec de : **dont**	*C'est un film* **dont** *je ne me souviens même pas.*
Complément de lieu : **où**	*Nous sommes allés dans la maison* **où** *Balzac est né.*

Celui de, celui qui/que...

■ Pour remplacer un nom accompagné d'un complément de nom ou d'une relative, on emploie une partie du pronom démonstratif suivie du complément de nom ou de la relative.

– *Vous aimez* **la robe** *de Marie. / Vous aimez* **celle** *de Marie ?*
– *Vous aimez* **la robe que** *nous avons choisie ? / Vous aimez* **celle que** *nous avons choisie ?*

■ Les formes varient en genre et en nombre comme celles du pronom démonstratif.

CELUI DE, CELUI QUI/QUE...		
	Masculin	*Féminin*
Singulier	**celui qui/que**	**celle qui/que**
	celui de	**celle de**
Pluriel	**ceux qui/que**	**celles qui/que**
	ceux de	**celles de**

Il existe une forme neutre : *ce qui/que.*
Ce que j'aime, ce sont les films d'aventure.

Les temps

■ Pour le passé, on emploie le passé composé ou l'imparfait :

Quand le cambriolage a eu lieu, les voisins dormaient.

– **Le passé composé** marque une action ponctuelle, ou une action qui dure un temps bien délimité.

– **L'imparfait** marque un état ou une action en train de se dérouler, au moment où une autre se produit.

Rappel :
– Le passé composé est formé de l'auxiliaire **avoir** (pour la plupart des verbes) ou **être** (pour les verbes *aller, arriver, devenir, entrer, mourir, naître, partir, rester, revenir, tomber, venir* et les verbes pronominaux) suivi du participe passé du verbe.

Avec l'auxiliaire **être**, le participe passé s'accorde avec le sujet :
Elles sont tombées.

Avec l'auxiliaire **avoir**, le participe passé s'accorde avec le complément quand celui-ci est placé devant :
Nous avons contrôlé cette voiture hier. /
***Cette voiture**, nous l'avons contrôlée hier.*

– L'imparfait se forme généralement sur la 1re personne du pluriel du présent du verbe, à laquelle on ajoute les terminaisons :
-ais, -ais, -ait, -ions, -iez, -aient.

▌ Le plus-que-parfait

indique une action antérieure à une autre action passée. Il est formé de l'auxiliaire à l'imparfait suivi du participe passé du verbe.

*J'ai vu le film que tu m'**avais conseillé**.*

▌ Le futur

est marqué :

– par le futur proche, composé du verbe **aller** suivi de l'**infinitif** :
*Nous **allons** nous installer dans le Midi.*

– par le futur simple. Il est en général formé à partir de l'infinitif auquel on ajoute les terminaisons **-ai, -as, -a, -ons, -ez, -ont**.
Nous nous installerons dans le Midi l'année prochaine.

Quelques verbes ont un futur irrégulier.
*Nous **irons** nous installer dans le Midi l'année prochaine.*

Le futur proche renvoie à un futur proche. Le futur simple s'emploie plutôt pour un futur éloigné.

▌ Le conditionnel

est formé à partir du futur auquel on ajoute les terminaisons de l'imparfait (-ais, -ais, -ait, -ions, -iez, -aient).

Je serai → Je serais
Nous aurons → Nous aurions
Ils feront → Ils feraient

On l'utilise pour formuler une demande polie, un conseil, une condition.
Je voudrais aller à la gare.
Tu devrais arrêter de fumer.
Si elle travaillait moins, elle s'occuperait plus de ses enfants.

Les complétives

▌ Les complétives à l'indicatif

– On les trouve après les verbes exprimant une opinion (*penser*), une connaissance (*savoir*), une déclaration (*dire*) :
Nous pensons qu'il vaut mieux vivre à la campagne.

LES COMPLÉTIVES	
Verbe de la principale	Verbe de la complétive
Présent *Le médecin dit que*	{ *ce n'est pas grave.* (présent) { *ce ne sera pas difficile à soigner.* (futur)
Passé *Le médecin a dit que*	{ *ce n'était pas grave.* (imparfait) { *ce ne serait pas difficile à soigner.* (conditionnel)

▌ Les complétives au subjonctif

– On les trouve après les verbes exprimant une volonté (*je voudrais que…*), une nécessité (*il faut que…*), un conseil (*il vaudrait mieux que…*), un sentiment (*je regrette que…*) :
Je regrette que vous ne puissiez pas assister à cette rencontre.

– Les formes du subjonctif varient suivant les verbes (*cf.* tableau des conjugaisons). Pour les verbes en **-er**, les formes sont semblables à celles du présent de l'indicatif (sauf pour la 1re et la 2e personne du pluriel) :
Il vaudrait mieux que tu arrêtes de travailler.
Il vaudrait mieux que vous arrêtiez de travailler.

– Lorsque le verbe de la principale et le verbe de la complétive ont le même sujet, on emploie obligatoirement l'infinitif :
J'aimerais que ma femme arrête de fumer.
Mais :
J'aimerais arrêter de fumer. (moi)

– De même, après les verbes impersonnels (*il vaut mieux…*), on emploie l'infinitif si le sujet n'est pas exprimé :
Il vaut mieux ne pas conduire quand on est fatigué.

▌ Les interrogatives indirectes

– Elles s'emploient après les verbes *ne pas savoir, (se) demander, dire*. Elles sont à l'indicatif. Il n'y a pas d'inversion du sujet.
Les pronoms interrogatifs peuvent changer par rapport à ceux qui sont employés dans l'interrogation directe.

LES COMPLÉTIVES INTERROGATIVES		
	Interrogation directe	Interrogation indirecte
totale	*Est-ce qu'il va faire beau ?*	*Je me demande s'il va faire beau.*
portant sur le sujet (personne)	*Qui a téléphoné ?*	*Je ne sais pas qui a téléphoné.*
portant sur le sujet (objet)	*Qu'est-ce qui se passe ?*	*Je me demande ce qui se passe.*
portant sur un complément	*Qui demandez-vous ?* *Qu'est-ce que vous faites ?*	*Je voudrais savoir qui vous demandez.* *Je me demande ce que vous faites.*
portant sur un complément circonstanciel	*Où allez-vous ?* *Combien est-ce que ça coûte ?*	*Je voudrais savoir où vous allez.* *Je ne sais pas combien ça coûte.*

Les règles de concordance des temps sont les mêmes que pour la complétive à l'indicatif.

L'expression du temps

▌ Les compléments de temps varient selon qu'ils expriment un moment antérieur, simultané ou postérieur par rapport au moment de celui qui parle.

L'EXPRESSION DU TEMPS			
	Antériorité	Simultanéité	Postériorité
dans le présent	*hier* *hier matin* *la semaine dernière* *Il y a trois jours*	*aujourd'hui* *ce matin* *cette semaine*	*demain* *demain matin* *la semaine prochaine* *dans trois jours*
dans le passé	*la veille* *la veille au soir* *l'année d'avant* *(précédente)*	*ce jour-là* *ce soir-là* *cette année-là*	*le lendemain* *le lendemain soir* *l'année d'après* *(suivante)*

▌ La durée est exprimée par :

– un complément seul :
*Nous avons travaillé **deux heures**.*

– un complément précédé de **pendant** :
*Nous avons travaillé **pendant** deux heures.*

– **depuis** (généralement accompagné d'un verbe au présent ou à l'imparfait) :
*Il dort **depuis** deux heures.*
*Il dormait **depuis** deux heures quand nous sommes arrivés.*

– **il y a**, généralement accompagné du passé composé, qui marque la durée écoulée depuis qu'un événement s'est produit :
*Il a téléphoné **il y a** cinq minutes.*

▌ Dans les propositions de temps, les conjonctions varient suivant qu'on exprime la simultanéité, l'antériorité ou la postériorité.

– **Simultanéité :**
Nous étions en train de manger quand l'explosion s'est produite.

Nous étions en train de manger au moment où l'explosion s'est produite.

– **Antériorité de la principale par rapport à la subordonnée :**
Nous avons décidé de partir avant qu'il pleuve.
Nous avons décidé de partir avant la pluie.
Nous avons décidé de partir avant d'être bloqués par la pluie.

> **Attention !**
> *Avant que* est suivi d'un verbe au subjonctif.

– **Postériorité de la principale par rapport à la subordonnée :**
Nous avons décidé de partir après l'orage.
Nous avons décidé de partir après avoir écouté les informations.

Les rapports logiques

▌ **La cause**

Elle est exprimée par :
– **parce que :**
*Nous ne travaillons pas **parce qu'**il fait trop chaud.*

– **puisque, comme,** qui introduisent une cause « évidente » :
***Puisqu'**il fait trop chaud, nous allons arrêter de travailler.* (La proposition de cause est placée avant la principale.)

– des mots de coordination comme **car** ou **en effet** (toujours après la principale) :
*Nous n'avons pas vu le cambrioleur, **car** il faisait nuit.*
*Nous n'avons pas vu le cambrioleur : **en effet**, il faisait nuit.*

– **sous prétexte que**, **ce n'est pas parce que**... **que** qui expriment une cause que celui qui parle ne reprend pas à son compte :
*Je ne vais pas respirer de la fumée, **sous prétexte que** tu ne peux pas arrêter de fumer.*

– des prépositions comme **à cause de** :
*Il est parti **à cause de** la pollution.*

Remarque :
– **grâce à** exprime une cause positive :
*Il a réussi **grâce à** son courage.*
– **pour** exprime le motif d'une condamnation :
*Il a été condamné **pour** vol.*

▌ La conséquence

– Elle est introduite par **si bien que** :
*On m'a beaucoup encouragé, **si bien que** j'ai réussi à mon examen.*

– Elle peut être marquée par des mots comme **donc**, **alors** :
*On m'a encouragé, **alors** j'ai réussi.*
*On m'a encouragé, j'ai **donc** réussi.*

▌ Le but

– Il est exprimé par **pour que**, **afin que**, qui sont suivis du subjonctif :
*Nous avons créé le Téléthon **pour que** la recherche progresse.*

– Si les sujets de la proposition principale et de la proposition sont les mêmes, on emploie **pour** suivi de l'infinitif :
*Nous avons travaillé **pour réussir**.*

▌ La condition

– **si** + **présent** marque une possibilité :
Si tu suis un régime, tu vas maigrir.

– **si** + **imparfait** marque une éventualité réalisable :
Si tu suivais un régime, tu maigrirais.

ou encore une condition non réalisée dans le présent :
Si j'étais jeune (mais je suis vieux), je voyagerais.

– **si** + **plus-que-parfait** marque une condition non réalisée dans le passé :
Si j'avais eu de l'argent quand j'étais jeune, j'aurais beaucoup voyagé.

– **même si** + indicatif, **à supposer que** + subjonctif, **quand bien même** + conditionnel expriment une hypothèse peu probable et de toute façon insuffisante pour que l'action exprimée par le verbe de la principale se réalise.
Même s'il voulait arrêter de fumer, il n'y arriverait pas.
À supposer qu'il veuille arrêter de fumer, il n'y arriverait pas.
Quand bien même il voudrait arrêter de fumer, il n'y arriverait pas.

▌ La concession
Elle est exprimée par :

– **bien que**, suivi du subjonctif :
Bien qu'il fasse beau, je ne sortirai pas.

– ou par des mots de coordination :
*Il fait beau. **Pourtant** je ne sortirai pas.*
*Il fait beau. **Cependant** je ne sortirai pas.*

▌ Le gérondif (en + participe présent)
peut exprimer la cause, la condition ou le temps.

En regardant la télévision, on peut apprendre beaucoup de choses.
Ne buvez pas en mangeant.
En suivant un régime, vous arriverez à maigrir.

▌ Le participe présent ou la proposition participiale expriment généralement la cause.

Si les deux sujets sont différents, on emploie une proposition participiale.
Le médecin n'étant pas ici, j'ai attendu deux heures.

Si le sujet est le même, on emploie un participe présent.
Ne voyant pas le médecin, je suis partie.

CONJUGAISON

Verbes en -er

travailler

Indicatif

présent	passé composé	imparfait	futur
je travaille	j'ai travaillé	je travaillais	je travaillerai
tu travailles	tu as travaillé	tu travaillais	tu travailleras
il/elle travaille	il/elle a travaillé	il/elle travaillait	il/elle travaillera
nous travaillons	nous avons travaillé	nous travaillions	nous travaillerons
vous travaillez	vous avez travaillé	vous travailliez	vous travaillerez
ils/elles travaillent	ils/elles ont travaillé	ils/elles travaillaient	ils/elles travailleront

Conditionnel

présent
je travaillerais
tu travaillerais
il/elle travaillerait
nous travaillerions
vous travailleriez
ils/elles travailleraient

Subjonctif

présent
que je travaille
que tu travailles
qu'il/elle travaille
que nous travaillions
que vous travailliez
qu'ils/elles travaillent

Impératif

présent
travaille
travaillons
travaillez

Participe

présent
travaillant

Verbes en -ir

choisir

Indicatif

présent	passé composé	imparfait	futur
je choisis	j'ai choisi	je choisissais	je choisirai
tu choisis	tu as choisi	tu choisissais	tu choisiras
il/elle choisit	il/elle a choisi	il/elle choisissait	il/elle choisira
nous choisissons	nous avons choisi	nous choisissions	nous choisirons
vous choisissez	vous avez choisi	vous choisissiez	vous choisirez
ils/elles choisissent	ils/elles ont choisi	ils/elles choisissaient	ils/elles choisiront

Conditionnel

présent
je choisirais
tu choisirais
il/elle choisirait
nous choisirions
vous choisiriez
ils/elles choisiraient

Subjonctif

présent
que je choisisse
que tu choisisses
qu'il/elle choisisse
que nous choisissions
que vous choisissiez
qu'ils/elles choisissent

Impératif

présent
choisis
choisissons
choisissez

Participe

présent
choisissant

Verbes irréguliers

aller

Indicatif

présent	passé composé	imparfait	futur
je vais	je suis allé(e)	j'allais	j'irai
tu vas	tu es allé(e)	tu allais	tu iras
il/elle va	il/elle est allé(e)	il/elle allait	il/elle ira
nous allons	nous sommes allé(e)s	nous allions	nous irons
vous allez	vous êtes allé(e)s	vous alliez	vous irez
ils/elles vont	ils/elles sont allé(e)s	ils/elles allaient	ils/elles iront

Conditionnel	Subjonctif	Impératif	Participe
présent	**présent**	**présent**	**présent**
j'irais	que j'aille	va	allant
tu irais	que tu ailles	allons	
il/elle irait	qu'il/elle aille	allez	
nous irions	que nous allions		
vous iriez	que vous alliez		
ils/elles iraient	qu'ils/elles aillent		

être

Indicatif

présent	passé composé	imparfait	futur
je suis	j'ai été	j'étais	je serai
tu es	tu as été	tu étais	tu seras
il/elle est	il/elle a été	il/elle était	il/elle sera
nous sommes	nous avons été	nous étions	nous serons
vous êtes	vous avez été	vous étiez	vous serez
ils/elles sont	ils/elles ont été	ils/elles étaient	ils/elles seront

Conditionnel	Subjonctif	Impératif	Participe
présent	**présent**	**présent**	**présent**
je serais	que je sois	sois	étant
tu serais	que tu sois	soyons	
il/elle serait	qu'il/elle soit	soyez	
nous serions	que nous soyons		
vous seriez	que vous soyez		
ils/elles seraient	qu'ils/elles soient		

avoir

Indicatif

présent	passé composé	imparfait	futur
j'ai	j'ai eu	j'avais	j'aurai
tu as	tu as eu	tu avais	tu auras
il/elle a	il/elle a eu	il/elle avait	il/elle aura
nous avons	nous avons eu	nous avions	nous aurons
vous avez	vous avez eu	vous aviez	vous aurez
ils/elles ont	ils/elles ont eu	ils/elles avaient	ils/elles auront

Conditionnel

présent
j'aurais
tu aurais
il/elle aurait
nous aurions
vous auriez
ils/elles auraient

Subjonctif

présent
que j'aie
que tu aies
qu' il/elle ait
que nous ayons
que vous ayez
qu'ils/elles aient

Impératif

présent
aie
ayons
ayez

Participe

présent
ayant

venir

Indicatif

présent	passé composé	imparfait	futur
je viens	je suis venu(e)	je venais	je viendrai
tu viens	tu es venu(e)	tu venais	tu viendras
il/elle vient	il/elle est venu(e)	il/elle venait	il/elle viendra
nous venons	nous sommes venu(e)s	nous venions	nous viendrons
vous venez	vous êtes venu(e)s	vous veniez	vous viendrez
ils/elles viennent	ils/elles sont venu(e)s	ils/elles venaient	ils/elles viendront

Conditionnel

présent
je viendrais
tu viendrais
il/elle viendrait
nous viendrions
vous viendriez
ils/elles viendraient

Subjonctif

présent
que je vienne
que tu viennes
qu'il/elle vienne
que nous venions
que vous veniez
qu'il/elles viennent

Impératif

présent
viens
venons
venez

Participe

présent
venant

prendre

Indicatif

présent	passé composé	imparfait	futur
je prends	j'ai pris	je prenais	je prendrai
tu prends	tu as pris	tu prenais	tu prendras
il/elle prend	il/elle a pris	il/elle prenait	il/elle prendra
nous prenons	nous avons pris	nous prenions	nous prendrons
vous prenez	vous avez pris	vous preniez	vous prendrez
ils/elles prennent	ils/elles ont pris	ils/elles prenaient	ils/elles prendront

Conditionnel

présent
je prendrais
tu prendrais
il/elle prendrait
nous prendrions
vous prendriez
ils/elles prendraient

Subjonctif

présent
que je prenne
que tu prennes
qu'il/elle prenne
que nous prenions
que vous preniez
qu'ils/elles prennent

Impératif

présent
prends
prenons
prenez

Participe

présent
prenant

mettre

Indicatif

présent	passé composé	imparfait	futur
je mets	j'ai mis	je mettais	je mettrai
tu mets	tu as mis	tu mettais	tu mettras
il/elle met	il/elle a mis	il/elle mettait	il/elle mettra
nous mettons	nous avons mis	nous mettions	nous mettrons
vous mettez	vous avez mis	vous mettiez	vous metttrez
ils/elles mettent	ils/elles ont mis	ils/elles mettaient	ils/elles mettront

Conditionnel

présent
je mettrais
tu mettrais
il/elle mettrait
nous mettrions
vous mettriez
ils/elles mettraient

Subjonctif

présent
que je mette
que tu mettes
qu'il/elle mette
que nous mettions
que vous mettiez
qu'ils/elles mettent

Impératif

présent
mets
mettons
mettez

Participe

présent
mettant

dire

Indicatif

présent	passé composé	imparfait	futur
je dis	j'ai dit	je disais	je dirai
tu dis	tu as dit	tu disais	tu diras
il/elle dit	il/elle a dit	il/elle disait	il/elle dira
nous disons	nous avons dit	nous disions	nous dirons
vous dites	vous avez dit	vous disiez	vous direz
ils/elles disent	ils/elles ont dit	ils/elles disaient	ils/elles diront

Conditionnel	Subjonctif	Impératif	Participe
présent	**présent**	**présent**	**présent**
je dirais	que je dise	dis	disant
tu dirais	que tu dises	disons	
il/elle dirait	qu'il/elle dise	dites	
nous dirions	que nous disions		
vous diriez	que vous disiez		
ils/elles diraient	qu'ils/elles disent		

faire

Indicatif

présent	passé composé	imparfait	futur
je fais	j'ai fait	je faisais	je ferai
tu fais	tu as fait	tu faisais	tu feras
il/elle fait	il/elle a fait	il/elle faisait	il/elle fera
nous faisons	nous avons fait	nous faisions	nous ferons
vous faites	vous avez fait	vous faisiez	vous ferez
ils/elles font	ils/elles ont fait	ils/elles faisaient	ils/elles feront

Conditionnel	Subjonctif	Impératif	Participe
présent	**présent**	**présent**	**présent**
je ferais	que je fasse	fais	faisant
tu ferais	que tu fasses	faisons	
il/elle ferait	qu'il/elle fasse	faites	
nous ferions	que nous fassions		
vous feriez	que vous fassiez		
ils/elles feraient	qu'ils/elles fassent		

sortir

Indicatif

présent	passé composé	imparfait	futur
je sors	je suis sorti(e)	je sortais	je sortirai
tu sors	tu es sorti(e)	tu sortais	tu sortiras
il/elle sort	il/elle est sorti(e)	il/elle sortait	il/ elle sortira
nous sortons	nous sommes sorti(e)s	nous sortions	nous sortirons
vous sortez	vous êtes sorti(e)s	vous sortiez	vous sortirez
ils/elles sortent	ils/elles sont sorti(e)s	ils/elles sortaient	ils/ elles sortiront

Conditionnel

présent
je sortirais
tu sortirais
il/ elle sortirait
nous sortirions
vous sortiriez
ils/ elles sortiraien

Subjonctif

présent
que je sorte
que tu sortes
qu'il/ elle sorte
que nous sortions
que vous sortiez
qu'ils/ elles sortent

Impératif

présent
sors
sortons
sortez

Participe

présent
sortant

boire

Indicatif

présent	passé composé	imparfait	futur
je bois	j'ai bu	je buvais	je boirai
tu bois	tu as bu	tu buvais	tu boiras
il/elle boit	il/elle a bu	il/elle buvait	il/elle boira
nous buvons	nous avons bu	nous buvions	nous boirons
vous buvez	vous avez bu	vous buviez	vous boirez
ils/elles boivent	ils/elles ont bu	ils/elles buvaient	ils/elles boiront

Conditionnel

présent
je boirais
tu boirais
il/elle boirait
nous boirions
vous boiriez
ils/elles boiraient

Subjonctif

présent
que je boive
que tu boives
qu'il/elle boive
que nous buvions
que vous buviez
qu'ils/elles boivent

Impératif

présent
bois
buvons
buvez

Participe

présent
buvant

conduire

Indicatif

présent	*passé composé*	*imparfait*	*futur*
je conduis	j'ai conduit	je conduisais	je conduirai
tu conduis	tu as conduit	tu conduisais	tu conduiras
il/elle conduit	il/elle a conduit	il/elle conduisait	il/elle conduira
nous conduisons	nous avons conduit	nous conduisions	nous conduirons
vous conduisez	vous avez conduit	vous conduisiez	vous conduirez
ils/elles conduisent	ils/elles ont conduit	ils/elles conduisaient	ils/elles conduiront

Conditionnel   Subjonctif   Impératif   Participe

présent	*présent*	*présent*	*présent*
je conduirais	que je conduise	conduis	conduisant
tu conduirais	que tu conduises	conduisons	
il/elle conduirait	qu'il/elle conduise	conduisez	
nous conduirions	que nous conduisions		
vous conduiriez	que vous conduisiez		
ils/elles conduiraient	qu'ils/elles conduisent		

tenir

Indicatif

présent	*passé composé*	*imparfait*	*futur*
je tiens	j'ai tenu	je tenais	je tiendrai
tu tiens	tu as tenu	tu tenais	tu tiendras
il/elle tient	il/elle a tenu	il/elle tenait	il/elle tiendra
nous tenons	nous avons tenu	nous tenions	nous tiendrons
vous tenez	vous avez tenu	vous teniez	vous tiendrez
ils/elles tiennent	ils/elles ont tenu	ils/elles tenaient	ils/elles tiendront

Conditionnel   Subjonctif   Impératif   Participe

présent	*présent*	*présent*	*présent*
je tiendrais	que je tienne	tiens	tenant
tu tiendrais	que tu tiennes	tenons	
il/elle tiendrait	qu'il/elle tienne	tenez	
nous tiendrions	que nous tenions		
vous tiendriez	que vous teniez		
ils/elles tiendraient	qu'ils/elles tiennent		

partir

Indicatif

présent	passé composé	imparfait	futur
je pars	je suis parti(e)	je partais	je partirai
tu pars	tu es parti(e)	tu partais	tu partiras
il/elle part	il/elle est parti(e)	il/elle partait	il/elle partira
nous partons	nous sommes parti(e)s	nous partions	nous partirons
vous partez	vous êtes parti(e)s	vous partiez	vous partirez
ils/elles partent	ils/elles sont parti(e)s	ils/elles partaient	ils/elles partiront

Conditionnel

présent
je partirais
tu partirais
il/elle partirait
nous partirions
vous partiriez
ils/elles partiraient

Subjonctif

présent
que je parte
que tu partes
qu'il/elle parte
que nous partions
que vous partiez
qu'ils/elles partent

Impératif

présent
pars
partons
partez

Participe

présent
partant

écrire

Indicatif

présent	passé composé	imparfait	futur
j'écris	j'ai écrit	j'écrivais	j'écrirai
tu écris	tu as écrit	tu écrivais	tu écriras
il/elle écrit	il/elle a écrit	il/elle écrivait	il/elle écrira
nous écrivons	nous avons écrit	nous écrivions	nous écrirons
vous écrivez	vous avez écrit	vous écriviez	vous écrirez
ils/elles écrivent	ils/elles ont écrit	ils/elles écrivaient	ils/elles écriront

Conditionnel

présent
j'écrirais
tu écrirais
il/elle écrirait
nous écririons
vous écririez
ils/elles écriraient

Subjonctif

présent
que j'écrive
que tu écrives
qu'il/elle écrive
que nous écrivions
que vous écriviez
qu'ils/elles écrivent

Impératif

présent
écris
écrivons
écrivez

Participe

présent
écrivant

TABLEAU
DES CONTENUS

CONTENU THÉMATIQUE ET LEXICAL	CONTENU GRAMMATICAL	SAVOIR-FAIRE
Unité 1 : **Faits divers**	• L'imparfait et le passé composé • L'expression du temps (circonstancielles) • Le passif	• La description physique • Le récit • L'expression de la surprise et du soulagement
Unité 2 : **Manifestations sportives**	• Le futur • Les repères chronologiques	• L'opinion : *d'accord/pas d'accord* • Le doute. La certitude • L'enchaînement des faits dans le récit
Unité 3 : **Spectacles**	• Le subjonctif présent (*être, avoir*, verbes en -er) après *il faut que* • La phrase interrogative • Le gérondif	• Le goût : *aimer/ne pas aimer* • L'expression de l'enthousiasme et de la déception • La nécessité
Unité 4 : **Alimentation / Diététique**	• Le conditionnel (*prévoir - vouloir - aimer*) • Le subjonctif (suite) après *il vaut mieux que…* (verbes *faire, prendre*, verbes en -ir) • L'expression de la quantité : – les indéfinis – les pronoms indéfinis – les verbes à valeur quantitative	• Approuver/désapprouver • Formuler poliment une demande de service • Répondre favorablement à une demande de service • Exprimer une préférence ou un conseil • Exprimer une évolution
Unité 5 : **Mode et personnalité**	• Les pronoms démonstratifs : *celui-ci… celui que… de…* • Les relatifs : *qui, que, dont, où…* • Place du pronom *en… un* au passé composé	• Exprimer une supposition (*il me semble*) ou une certitude (*j'en suis sûr*) • Confirmer • Désigner un objet ou une personne • Exprimer une inquiétude/rassurer
Unité 6 : **Choisir un lieu de vie**	• L'interrogation indirecte • Les formes au subjonctif et au conditionnel (suite) • Les propositions complétives (synthèse)	• Inciter • Conseiller • Se plaindre/mettre en confiance • Écrire une lettre officielle

CONTENU THÉMATIQUE ET LEXICAL	CONTENU GRAMMATICAL	SAVOIR-FAIRE
Unité 7 : Famille / **Condition féminine**	• La concordance des temps (imparfait, conditionnel présent et passé) • L'expression de la durée (*depuis… il y a…*)	• Exprimer sa réprobation • Marquer l'embarras • Rapporter des propos ou des opinions
Unité 8 : **Animaux familiers**	• La condition réalisée et non réalisée (irréel du présent) • La proposition infinitive • Place des pronoms personnels (double pronom)	• Exprimer son impatience : *Ça fait dix fois que…* • Insister (demander avec insistance) • Refuser : *Il n'en est pas question !* • Concéder : *Je ne dis pas le contraire.* • Exprimer une hypothèse.
Unité 9 : **Environnement / Pollution**	• La condition non réalisée (irréel du passé) • Le conditionnel passé du verbe *devoir* (*Si* + plus-que-parfait / conditionnel passé) • Le subjonctif (suite)	• Exprimer son soutien : *Je suis tout à fait favorable, d'accord.* • Reprocher : *Vous auriez dû…* • Exprimer le conseil, l'obligation et l'interdiction • Exprimer une opinion marquée
Unité 10 : Santé / **Action humanitaire**	• La cause • La conséquence	• Argumenter : exprimer des relations de cause à effet • L'expression de l'indifférence et de la colère
Unité 11 : **Argent, publicité, promotions**	• Le but • Le participe présent • Le gérondif (suite)	• Argumenter : présenter des objectifs, présenter des moyens • L'expression de la menace et de l'incompréhension
Unité 12 : **Enseignement des langues**	• La concession • Les propositions participiales • La condition concessive	• Exprimer le regret • Exprimer l'exaspération • Présenter un document publicitaire

CRÉDITS PHOTOGRAPHIQUES

Couverture : Option Photo / R. Auvray / Hoa-Qui / Isip, Hemisphères / Hartmut Krinitz.
p. 26 : Graphisme Isabelle Durand ; (H) Christophe L ; (MG) Disney « Par autorisation spéciale de TWDCF » ; p. 28 : Christophe L ; p. 52 : (BD) Marie-Claire Copyright / Famili / J. Manzetti ; (BG) Image Bank / G. Barto ; (BM) Marie-Claire Copyright / H. Jullian ; p. 68 : (BG) Jerrican / Gable ; (HD) Jerrican / Perlstein ; (HG) Phanie / P. Alix ; p. 82 : Bios / Klein / Hubert ; p. 84 : Bios / Klein / Hubert ; p. 92 : Image Bank / Ernoult Features / Y. Le Gal ; p. 93 : BDDP / Mac Donald's ; p. 99 : A Louis Vuitton ; p. 109 : Dessin Martin Veyron / Nouvel Observateur 10-9-98 ; p. 110 : Max P.P.P. / Reuters / V. Kessler ; p. 122 : (B) Frédéric Hanoteau / Konversando ; p. 122 : (H) Frédéric Hanoteau ; p. 125 : Dessin de Selcuk / Nouvel Observateur 10.9.98 ; p. 129 : Dessin de Dobritz / Le Figaro 19.9.98 ; (BD) Image Bank / Abrams / Lacagnina ; p. 130 : Comité national contre le tabagisme ; p. 131 : Aide et Action.

Édition : Martine Ollivier

Conception graphique / Mise en pages : Planète Publicité

Couverture : Nadia Maestri

Illustrations : Jean-Claude Bauer

Illustration de la vie de quartier : Dominique Boll

Cartographie : Graffito

Recherche iconographique : Nadine Gudimard

Conseil artistique : Catherine Tasseau

N° projet 10093781 - (2) 40 (CABL80) - C.G.I. - CTF - Mars 2002
Imprimé en Italie par Vincenzo Bona